股票市场开放、盈余管理及资本配置效率研究：基于沪港通的经验证据

Stock Market Liberalization, Earnings Management and Capital Allocation Efficiency
——Evidence from Shanghai-Hong Kong Stock Connect Program

高开娟 ◎ 著

经济管理出版社
ECONOMY & MANAGEMENT PUBLISHING HOUSE

图书在版编目（CIP）数据

股票市场开放、盈余管理及资本配置效率研究：基于沪港通的经验证据/高开娟著. —北京：
经济管理出版社，2019. 12
ISBN 978 - 7 - 5096 - 2409 - 8

Ⅰ. ①股… Ⅱ. ①高… Ⅲ. ①股票市场—研究—中国 Ⅳ. ①F832. 51

中国版本图书馆 CIP 数据核字（2019）第 280019 号

组稿编辑：魏晨红
责任编辑：魏晨红
责任印制：黄章平
责任校对：陈晓霞

出版发行：经济管理出版社
　　　　　（北京市海淀区北蜂窝 8 号中雅大厦 A 座 11 层　100038）
网　　　址：www. E - mp. com. cn
电　　　话：（010）51915602
印　　　刷：三河市延风印装有限公司
经　　　销：新华书店
开　　　本：720mm×1000mm/16
印　　　张：11
字　　　数：209 千字
版　　　次：2019 年 12 月第 1 版　　2019 年 12 月第 1 次印刷
书　　　号：ISBN 978 - 7 - 5096 - 2409 - 8
定　　　价：58. 00 元

前　言

　　资本市场良好的资源配置功能为经济持续稳定发展提供了充足的保障。近年来，我国股票市场在国际资本市场的影响力与日俱增。然而，与境外较发达的资本市场相比，我国股票市场还具有较大差距，主要体现为投资者结构以个体为主，市场换手率及波动率较高。另外，我国的交易多属于关系型交易，法制环境也弱于境外发达地区，无法更好地保护投资者利益，影响资本市场资源配置功能的发挥。

　　2013 年，党的十八届三中全会《关于全面深化改革若干重大问题的决定》提出完善金融体系，建设统一开放、竞争有序的市场体系，使市场在资源配置中起决定性作用。沪港通是中国资本市场对外开放的重要内容，有利于加强内地和香港地区两个资本市场的联系，增加两地投资者的投资渠道，提升我国资本市场整体实力，改善上海证券市场的投资者结构，完善资本市场资源配置效率。

　　2014 年 11 月 17 日，沪港通开始正式运行，对我国资本市场产生了重要影响。①具有丰富交易经验、先进技术分析能力、较强投资者保护意识以及较为独立投资关系的境外投资者，可以监督上市公司，以提高其治理水平及披露质量。②上市公司面临更大的交易市场，被并购的可能性增加，促使管理层致力于提升企业业绩，降低上市公司代理成本。③上市公司置身于国际资本市场，接触了更先进的知识，便于从能力和技术上提高上市公司管理水平。④股票市场开放后，境内资金的外流可能对境内上市公司构成压力，促使上市公司提高自身能力。⑤沪港通的运行以及境外投资者的参与吸引了更多分析师的关注，分析师利用自己的经验和信息挖掘能力对公司形成监督，缓解股东和管理层之间的代理冲突。不仅如此，沪港通的运行能够促使内地资本市场对监管及交易制度"查缺补漏"，完善资本市场监管体系。

　　会计信息在资源配置中具有重要作用。会计信息可以通过影响股票市场价格来影响上市公司融资行为，也可以通过契约影响股东、债权人及政府等利益相关者。因此，上市公司迫于资本市场压力、借款契约、薪酬契约、政治原因操控会计数字,利用会计政策选择或实际的交易安排影响会计信息,形成盈余管理。我国较低的投资者保护环境为上市公司提供盈余操控的机会,而以关系型交易为主的市场以及以个体为主的投资者结构又使投资者不能对上市公司进行有力的监督,导致会计信息质量较低。股票市场开放后,境外投资者及分析师监督的增加以及市场竞争压力的增加可能降低管理层利润操控动机和能力,进而影响盈余管理行为。基于此,本书试图探究我国股票市场开放对上市公司盈余管理行为的影响。

股票市场开放影响会计信息,而低质量的会计信息影响资本的优化配置。一方面,低质量的会计信息使投资者无法识别真实的信息,降低了股票市场定价效率,而股票市场价格通过影响资本流动进而影响资本市场资源的配置。另一方面,低质量的会计信息还可能通过资本流动以及较高的委托代理成本导致实体经济中产生无效的投资进而影响资本配置效率。此外,较严重的代理问题可能导致除会计信息外的其他信息也不能被投资者所识别,影响股票市场定价效率进而影响资本配置。较强的代理冲突也可能通过管理层或控股股东自利进而影响实体经济中的投资效率。因此,股票市场开放对代理成本的降低以及对盈余管理的作用可能在一定程度上影响股票市场定价效率或上市公司投资效率。

基于此,本书在探讨股票市场开放与盈余管理关系的基础上,分析股票市场开放可能对资本配置效率产生的影响。具体而言,本书利用股价同步性衡量股票市场定价效率,探究股票市场开放对股价同步性的影响以及盈余管理在股票市场开放与股价同步性关系中扮演的角色。另外,本书利用过度投资和投资不足衡量实体经济的投资效率,探究股票市场开放对投资效率的影响以及盈余管理在股票市场开放与投资效率的关系中所起的作用。

本书主要研究内容如下:

第一,股票市场开放与盈余管理。股票市场开放后,具有丰富交易经验、先进信息处理能力以及较高投资者保护意识的境外投资者能够监督上市公司,境内资金外流给境内上市公司构成压力,促使其提升治理水平。另外,上市公司跟随的增加,也能对上市公司形成监督。境外投资者和分析师的监督能降低上市公司管理层自利行为以及控股股东的"掏空"行为,管理层或控股股东为避免被境外投资者或分析师发现操控会计信息,可能降低应计盈余管理行为。然而,境外投资者的本地信息劣势使其并不能识别公司真实盈余管理行为,分析师跟随的增加导致上市公司满足预期盈余的压力增大,可能促使上市公司有更多的盈余管理动机,因而,上市公司可能转向真实盈余管理。

盈余管理成本可能影响股票市场开放与盈余管理的关系。应计盈余管理成本较高时,上市公司倾向于采用真实盈余管理,因此,在这类样本中,应计盈余管理可能大幅降低。真实盈余管理成本较低时,上市公司因前期使用了更多的真实盈余管理，反而在股票市场开放后，无法再次提高真实盈余管理。因此，在真实盈余管理成本较高时，真实盈余管理可能显著提高。国有上市公司高管的政治身份可能促使其"掏空"上市公司的动机较弱，而非国有上市公司存在"掏空"上市公司补贴控股股东的状况，因此股票市场开放对代理问题的缓解可能在非国有上市公司中更为显著。

利用沪港通运行外生事件，使用"PSM + DID"方法，本书研究发现：①股票市场开放降低了应计盈余管理，提高了真实盈余管理。表明股票市场开放后，上市公司盈余管理方式发生了转变。②股票市场开放对应计盈余管理的降低仅在应计盈余管理成本较高即运营周转天数较少时存在，对真实盈余管理的提高仅在真实盈余管理成本较高即产品市场份额较低时存在，进一步证明了股票市场开放后，上市公司在不同盈余管理方式之间的转换。③股票市场开放对盈余管理的影响仅在非国有上市公司中存在。表明股票市场开放能够缓解非国有上市公司中严重的代理问题。④为进一步验证股票市场开放通过境外投资者或分析师的监督缓解了代理冲突，本书检验了股票市场开放后，代理成本、关联交易以及分析师跟随人数的变化。结果发现，股票市场开放后，代理成本以及关联交易降低，分析师跟随人数增加。表明上市公司通过境外投资者和分析师的监督降低了管理层和控股股东对上市公司利益的攫取。

第二，股票市场开放可能通过直接监督效应或会计信息质量变化的间接效应影响股票定价效率。股票市场开放后，上市公司受到境外投资者和分析师的监督增加，促使管理层披露更多或更精确的信息，导致公司可供挖掘的私有信息减少，资本市场噪声降低，股票价格融入更多的市场和行业信息，股价同步性可能提高。国有企业监督机制的缺失导致其公开信息较少，私有信息较多，非国有企业存在的管理层自利和控股股东"掏空"也使私有信息较多。因此，无论是国有企业还是非国有企业，股票市场开放均可能降低市场噪声进而提高股价同步性。为进一步分析股票市场开放对同步性影响的作用机制，本书提出，在较高控制权与所有权分离的样本中，代理冲突严重，股票市场开放可能通过监督显著提高股价同步性。分析师跟随较少时，市场噪声及私有信息较多，股票市场开放可能在这类样本中显著提高股价同步性。

利用沪港通运行外生事件，使用"PSM + DID"方法，本书研究发现：①股票市场开放后，股价同步性提高，表明股票市场开放对噪声的降低使股价融入更多的市场和行业信息。②股价同步性的提高在国有上市公司以及非国有上市公司中均显著存在，表明股票市场开放既能降低国有高管隐藏信息的行为，也能降低非国有上市公司中的私有信息。③较高控制权与所有权分离的样本中，股票市场开放能显著提高股价同步性，证明了股票市场开放的监督作用。④分析师跟随较少的样本中，股票市场开放后，股价同步性显著提高，表明股票市场开放并不能通过提高分析师跟随来提高股价同步性。

盈余管理可能影响股票市场开放与股价同步性的关系。较高应计盈余管理公司中，管理层隐藏了较多私有信息，股票市场开放在这类样本中的监督作用可能显著降低私有信息，进而提高股价同步性。较高真实盈余管理表明私有信息较低，说明股票市场开放通过提高真实盈余管理降低了私有信息，因此，股票市场开放可能在较高真实盈余管理的公司中显著提高股价同步性。本书发现：①股票市场开放对股价同步性的提高效应仅在较高的应计盈余管理以及较高的真实盈余管理中显著存在，表明真实盈余管理行为是股票市场开放提高股价同步性的作用机制之一，而应计盈余管理的降低并不能解释股价同步性的提高。②股票市场开放对股价同步性的提高在运营周转天数较多的样本中显著存在，这与股票市场开放对应计盈余管理的降低在运营周转天数较多的样本中因程度较弱导致应计盈余管理较高，而较高的应计盈余管理样本中股价同步性显著提高的结论具有一致性。③股票市场开放对股价同步性的提高在市场份额较高的样本中显著存在，这可能因为市场份额较高的公司受到更多境外投资者关注，具有更多行业和市场信息，进而导致股票市场开放提高股价同步性。

第三，股票市场开放可能通过直接监督效应或会计信息质量变化的间接效应影响公司投资效率。股票市场开放后，境外投资者及分析师监督作用的增加可能抑制管理层自利行为，降低过度投资或投资不足。为进一步探究股票市场开放中监督作用的存在，本书将样本分别按照独立董事比例、分析师跟随人数以及控制权与所有权分离程度的行业年度中值分为两组。独立董事比例较低或者控制权与所有权分离较多的公司中，代理问题严重，股票市场开放对投资效率的作用可能更大。在分析师跟随较多的样本中，分析师的监督作用可能会提高投资效率。另外，国有企业存在预算软约束以及政府干预，可能影响股票市场开放对投资效率的作用。在融资约束样本中，股票市场开放反而提高了上市公司的资本市场压力，导致管理层"短视"行为，可能导致投资不足。

利用沪港通运行外生事件，使用"PSM + DID"方法，本书研究发现：①股票市场开放能降低过度投资，但并不能缓解投资不足，股票市场开放无法缓解融资约束可以解释该现象。②股票市场开放对过度投资的降低在独立董事比例较低、分析师跟随较多的样本中显著存在。表明股票市场开放能够弥补独立董事监督的不足，同时促使更多分析师跟随，监督增加，降低过度投资。③过度投资的降低仅存在于在控制权与所有权分离较低的样本中，原因是在控制权与所有权分离度较高的样本中，股票市场开放对"掏空"的抑制反而为过度投资提供了资源，因此，股票市场开放对过度投资的抑制作用在该样本中不显著。④由于预算软约束的存在，股票市场开放也不能治理国有企业中的过度投资"顽疾"。⑤由于资本市场压力，股票市场开放在融资约束样本中加剧了投资不足。

盈余管理可能影响股票市场开放与投资效率之间的关系。较低的应计盈余管理抑制了融资并且降低了代理成本，从而可能降低过度投资，然而较高的异常可操控性费用导致上市公司减少投资，故而可能降低过度投资。本书发现：①在较低应计盈余管理以及异常可操控性费用类的真实盈余管理较高的样本中，股票市场开放抑制过度投资。②股票市场开放对过度投资的抑制作用体现在运营周转天数较多的样本中。因为运营周转天数越多，就越可能进行较多的过度投资，本身较高的过度投资自然使股票市场开放显著降低过度投资行为。③股票市场开放对过度投资的抑制作用还体现在市场份额较小的样本中。因为市场份额较小，真实盈余管理成本较高，股票市场开放越能够提高真实盈余管理最终抑制过度投资。

本书创新点在于：

第一，从股票市场开放角度丰富了盈余管理的相关研究。前人对股票市场开放与盈余管理的关系研究选取的样本导致结果存在很强的内生性，并且前人也并未探究股票市场开放对真实盈余管理行为的影响。本书探讨股票市场开放对盈余管理的影响，具有一定的创新性，能够补充盈余管理相关的研究文献。

第二，利用股票市场开放探究了上市公司的股价同步性。前人对股票市场开放与股价同步性的讨论较少，也并未得出统一的结论。本书从我国的制度背景出发，探究股票市场开放对股价同步性的影响，期望能够补充股价同步性领域的相关研究。

第三，探究股票市场开放对投资效率的影响。前人从宏观和资本流动层面探讨了股票市场开放对一个国家投资效率的影响，然而在微观领域内，股票市场开放对单一上市公司投资效率的影响有待进一步研究。因此，本书从微观层面探究股票市场开放对投资效率的影响，可以为投资效率的相关研究提供证据。

第四，本书以沪港通的运行作为外生事件，采用"PSM + DID"方法在一定程度上避免了股票市场开放的经济后果研究可能具有的内生性问题。前期对股票市场开放的研究离不开外投资者持股，然而境外投资者持股具有偏好，这导致研究结果的内生性，而沪港通中仅允许部分A股上市公司被境外投资者交易，其他A股上市公司成为对照组，既为这类研究提供"准自然试验"的契机，又为后期股票市场开放研究提供了借鉴。

第五，本书基于我国的制度背景，探究我国的股票市场开放对境内A股上市公司可能产生的影响，既有利于了解我国股票市场开放对上市公司行为造成的影响，又有利于丰富我国的股票市场开放经济后果研究，更能够为我国未来的股票市场开放政策提供理论依据。

目　录

导　论

　　股票市场开放，又称股票市场自由化（Stock Market Liberalization），Henry（2000）将其定义为允许境外投资者购买境内公司股票。自 20 世纪 70 年代起，发达国家股票市场开始开放，经十余年后，大部分发达国家开放了股票市场。80 年代末，发展中国家和地区开始部分放开股票市场。我国的股票市场开放自 1991 年建立 B 股市场以来，也已历经 26 个春秋。高速的经济增长离不开全球资本配置、先进经验、技术及制度的引入，另外，我国强大的经济增长潜力也能为世界经济发展贡献力量，从而让我国在世界经济中占有一席之地。因此，在快速发展的全球化浪潮下，股票市场开放成为一种必然趋势。

一、选题背景

　　资本市场良好的资源配置功能为经济持续稳定发展提供充足的保障。作为新兴资本市场的代表，我国已成长为全球第二大经济体。随着经济的快速发展，我国股票市场在国际金融市场中的影响力与日俱增，两大证券交易所市值均已位列全球前十大证券交易所。然而，我国资本市场起步较晚，在投资者结构、投资理念等方面异于境外较发达的资本市场，根据 2013 年《上海证券市场投资者结构与行为报告》发现，我国的资本市场中，无论是交易金额、交易数量还是交易账户，个体投资者均占主体地位。个体投资者持有股票的期限较短，交易更为频繁，导致股票市场较高的换手率以及波动性（史永东和王谨乐，2014），不利于股票市场的发展。另外，我国经济在制度方面具有特殊性，关系型交易显著，表现为股权结构集中、政商关系普遍、关联交易严重，供应商或客户关系集中（李增泉，2017）。不仅如此，由于政治体制的特殊性，我国政府对上市公司的干预较多（Hung 等，2012），在法律制定以及执行等方面均低于发达国家（La Porta，1998），不利于投资者利益的保护。

　　2013 年，党的十八届三中全会《关于全面深化改革若干重大问题的决定》提出完善金融体系，建设统一开放、竞争有序的市场体系，使市场在资源配置中起决定性作用。其中，资本市场双向开放是完善市场金融体系的重要组成部分。2014 年 4 月 10 日，《中国证券监督管理委员会、香港地区证券及期货事务监察委员会联合公告》发布，提出允许上海证券交易所、香港地区联合交易所有限公司、中国证券登记结算有限责任公司、香港地区中央结算有限公司开展沪港股票市场交易互联互通机制试点（以下简称沪港通）。2016 年 8 月 16 日，《中国证券监督管理委员会、香港地区证券及期货事务监察委员会联合公告》宣布批准深圳证券交易所、香港地区联合交易所有限公司、中国证券登记结算有限责任公司、香港地区中央结算有限公司建立深港股票市场交易互联互通机制（以下简称深港通）。沪港通和深港通的运行标志着我国的股票市场开放进入新局面。

1986 年 4 月，中国香港联合交易所正式成立，随着香港地区经济的快速发展，香港地区股票市场在开放的进程中获得了飞速发展。香港地区极具优势的地理位置、稳定的政治环境、快速发展的经济环境以及良好的制度安排，为中国香港股票市场的国际化进程保驾护航。据统计，截至 2016 年 7 月 31 日，香港地区联合交易所的市值以及交易量排名均居全球前十大交易所。香港地区股票市场既具有成熟市场的制度，又具有新兴市场的特点。一方面，由于历史原因，中国香港与英美国家在经济和金融等方面联系紧密，相应的证券法律法规等监管制度根植于英国老牌资本主义国家，非常注重对投资者利益的保护（La Porta 等，1998），法律执行也较为严格，政府干预程度较低，信息披露监管较好，保证了市场自由发展。另一方面，中国香港市场中有较多的境外投资者，尤其是境外机构投资者。根据中国香港交易所的披露，中国香港市场中 70% 的交易者是机构投资者，这些投资者为股票市场有效发展提供机遇，同时催生了成熟的信息中介机构，包括分析师、信用评级以及审计师等。

"沪港通"运行后，具有丰富交易经验、先进技术分析能力、较强投资者保护意识以及较独立投资关系的境外投资者可以给上市公司施加压力，通过有力的监督提高上市公司治理水平及披露质量。首先，"沪港通"运行后，上市公司面临更大的交易市场，被并购的可能性增加，促使管理层致力于提升企业业绩，降低上市公司代理成本。其次，"沪港通"运行后，上市公司接触了更先进的知识，便于从能力和技术上提高管理水平。再次，股票市场开放后，境内资金的外流可能对境内上市公司构成压力，促使上市公司提高自身能力。最后，"沪港通"的运行以及境外投资者的参与吸引了更多的分析师关注（Bae 等，2006），分析师是富有经验的市场中介，长期跟随上市公司，积累了较强的分析经验，因此能够利用自己的经验和信息挖掘能力等对公司形成监督，缓解股东和经理层之间的代理冲突。不仅如此，"沪港通"的开放能够促进内地资本市场对监管及交易制度"查缺补漏"，完善资本市场监管体系。

因此，中国证监会和香港地区证监会在联合公告中提出，陆港资本市场互联互通是中国资本市场对外开放的重要内容，"沪港通"和"深港通"有利于加强内地和香港地区两个资本市场的联系，内地资本市场通过与香港地区资本市场的合作能够加深两地资本市场的交流，增加了两地投资者的投资渠道，提升了我国资本市场整体实力。另外，"沪港通"有利于改善上海和深圳证券市场的投资者结构，完善资本市场资源配置效率。

　　作为一种准公共产品，会计信息公共产品的属性比较突出（Watts 和 Zimmerman，2009），其在资源配置中具有重要作用。会计信息既可能通过影响股票市场价格影响上市公司融资行为，也可能通过契约影响股东、债权人及政府等利益相关者。已有研究发现，上市公司迫于资本市场压力（Teoh 等，1998）、借款契约（Sweeney，1994）、薪酬契约（Hagerman 和 Zmijewski，1979）或政治原因（Hall 和 Stammerjohan，1996）操控会计数字，通过会计政策选择或实际的交易安排影响会计信息，形成盈余管理。我国较低的投资者保护环境可能为上市公司提供盈余操控的机会，而以关系型交易为主的市场以及以散户为主的投资者结构又使投资者不能对上市公司进行有力的监督，导致会计信息质量较低。股票市场开放后，境外投资者和分析师监督能力的增加以及市场竞争压力的提高可能降低管理层操控利润的动机和能力，进而影响盈余管理行为。基于此，本书试图探究我国股票市场开放对盈余管理行为的影响。

　　低质量的会计信息影响资本的优化配置。一方面，低质量的会计信息使投资者无法识别真实的信息，降低了股票市场定价效率（Hutton 等，2009），而股票市场价格通过影响资本流动进而影响资本市场的资源配置。另一方面，低质量的会计信息还可能通过资本流动以及较高的委托代理成本导致实体经济中低效率的投资进而影响资本配置效率（Biddle 等，2009）。不仅如此，较严重的代理问题可能导致除会计信息外的其他信息也不能被投资者所识别，影响股票市场定价效率进而影响资本配置。严重的代理问题也可能通过管理层自利影响实体经济中的投资效率。因此，股票市场开放对代理成本的降低以及对盈余管理的作用可能在一定程度上影响股票市场定价效率或投资效率。

　　基于此，本书在探讨股票市场开放与盈余管理关系的基础上，分析股票市场开放可能对资本配置效率产生的影响。具体而言，本书利用股价同步性衡量股票市场定价效率，探究股票市场开放对股价同步性的影响以及盈余管理在股票市场开放与股价同步性关系中扮演的角色。此外，本书利用过度投资和投资不足衡量实体经济投资效率，探究股票市场开放对投资效率的影响以及盈余管理在股票市场开放与投资效率的关系中所起的作用。

　　学界围绕股票市场开放展开了众多研究，然而鲜有文献直接探讨股票市场开放对会计信息的影响。虽然 Bae 等（2006）分析股票市场开放与信息环境时指出由于分析师跟随对信息环境的改善导致盈余管理程度降低，但该文的研究样本中包括允许境外投资者购买本国股票和交叉上市公司两类。事实上，交叉上市的公司绑定了境外严格的法制环境和监管要求，本身盈余管理程度就低，存在很强的内生性问题。另外，真实盈余管理作为盈余管理的一种，对上市公司未来业绩等影响重大（Gunny，2010），而该文并未讨论股票市场开放对真实盈余管理行为的影响。因此，股票市场开放对盈余管理的影响有待利用新的样本和方法进一步展开研究。

少量海外学者围绕股票市场开放与股价同步性展开研究，但并未得出一致的结论。Fernandes 和 Ferreira（2008）研究发现，发达国家的公司交叉上市能够降低股价同步性，而来自新兴国家的交叉上市反而提高了股价同步性，并提出新兴市场中交叉上市后，分析师跟随的增加提高了广泛的市场信息而不是公司特有信息可以解释该现象。然而 Kim 和 Yi（2015）对比境内和境外投资者作用时，利用同样是新兴市场的韩国的数据分析时却发现境外投资者持股导致更多分析师的跟随，反而降低股价同步性。Fernandes 和 Frreira 对新兴市场的结论截然相反。事实上，境外投资者的持股偏好，可能影响境外投资者持股与股价同步性的研究结论。

前期部分文献从宏观层面和国际资本流动层面上证实了资本市场开放对投资效率的影响。Galindo 等（2005）利用 12 个发展中国家的面板数据调查资本账户开放对投资效率的影响，提出资本账户开放提高投资效率，然而这里的资本账户开放不仅包括股票市场开放还包括汇率制度等其他资本账户的开放。微观层面上，尽管 Mitton（2006）发现股票市场开放给企业提供了新的融资渠道，加强了公司治理，导致上市公司投资的增加，但并未考虑股票市场开放对企业投资效率的影响。国内的覃家琦和邵新建（2015）提出，我国的"H＋A"类上市公司是先在监管较为严格的中国香港上市，然后再回到大陆 A 股上市，政府干预程度较高，因而导致更低的资本配置效率以及公司价值。然而 H 股的投资效率毕竟是政府干预的产物。因此，微观层面上，真正意义上的股票市场开放对公司投资效率的影响也有待研究。

2014 年 11 月 17 日，"沪港通"开始运行，香港地区投资者可以通过联交所购买部分在上海证券交易所上市的股票，标志着我国的股票市场开放已经踏上了新一轮的征程。"沪港通"交易中，仅选取部分股票作为可投资标的，其他上市公司不可被香港地区投资者买入，这为我国股票市场开放的经济后果研究提供了"准自然实验"的契机。基于此，本书以"沪港通"启动为外生事件，利用"PSM＋DID"的方法试图回答以下问题：①股票市场开放对应计盈余管理和真实盈余管理有无影响？如果有影响，作用机制为何？这种影响在国有和非国有企业中有无差异？②股票市场开放是否影响资本市场上的股价同步性？如果存在影响，中间的作用机制为何？国有企业和非国有企业对此有无差异？盈余管理是否影响股票市场开放与股价同步性的关系？③股票市场开放是否影响上市公司投资效率？这种影响是如何实现的？这种影响在国有企业和非国有企业中是否存在差异？盈余管理是否影响股票市场开放与投资效率的关系？本书试图利用前期文献积累以及我国的资本市场数据为这些问题寻找答案。

二、研究意义

秉持"格物致知，学以致用"的精神，本书试图从理论层面和实践层面为股票市场开放对上市公司的影响提供些微借鉴。

（一）理论意义

第一，本书以委托—代理理论为基础探究股票市场开放的经济后果。股票市场开放的研究在微观领域与委托—代理理论密不可分。股票市场开放后，境外投资者以及分析师监督力度的加强对于降低股东与代理人之间的代理成本具有重要作用。本书对股票市场开放通过对监督的加强影响盈余管理、股价同步性以及投资效率的研究补充了委托—代理理论中监督降低代理成本的相关研究，为委托—代理理论提供证据支持。

第二，本书以会计的信息观和契约观为基础探究会计信息在资本配置中的作用。既可以将会计信息融入股票定价进而影响资源配置，也可以通过契约降低股东与管理层之间的代理问题进而影响投资效率。本书从会计信息对资本配置影响角度补充了会计信息观及会计契约观的经验证据。

第三，本书拓展了股票市场开放的经济后果研究。由于境外投资者持股偏好的存在，以境外投资者持股研究股票市场开放经济后果的文献存在一定的内生性问题，而本书以沪港通运行为外生事件，利用"PSM + DID"方法，研究股票市场开放的经济后果，期望能在一定程度上解决内生性问题，为后期股票市场开放的经济后果研究提供借鉴。

（二）实践意义

首先，资本市场资源的优化配置是影响经济发展的重要问题。本书探究了股票市场开放通过监督机制影响会计信息、股价同步性以及投资效率。这类研究可以为股票市场开放对于资本市场优化资源配置的效果提供借鉴。另外，我国的股票市场开放任重道远，"沪港通"这一股票市场开放的"排头兵"可以为下一步的股票市场开放提供参考。

其次，会计信息对股价同步性以及投资效率的研究能够促使资本市场监管层关注会计信息。让会计信息这个准公共物品在资源优化配置中更好地发挥信息以及契约角色，为资本市场深化改革贡献力量。

再次，为上市公司的信息披露以及内部决策提供借鉴意义。境外投资者的交易经验、技术手段以及投资者保护意识均强于境内投资者，股票市场开放后，如何应对这类投资者成为上市公司的挑战之一。本书分析了境外投资者的特点，并提出境外投资者可能对上市公司产生的影响，希望能为上市公司决策行为提供指导。

最后，为分析师提供数据支持。本书提出股票市场开放后，分析师跟随增加，导致上市公司会计信息、股价同步性以及投资效率的变化，为分析师下一步的预测之路提供借鉴。

三、研究思路及方法

股票市场开放的研究可以从多个角度展开。就宏观层面而言，可以讨论其对国家经济发展以及金融危机等造成的影响；就微观层面而言，股票市场开放后对监督机制的加强可能影响上市公司的决策行为。笔者之所以选择会计信息为研究的落脚点，是基于会计信息在资本市场中影响股票的定价、影响实体经济的投资效率。再者，我国市场上存在的盈余操控机会以及缺乏强有力的监督机制可能使会计信息质量不佳。因此，从股票市场开放角度探究盈余管理以及资本配置效率的影响有其必要性。

从不同的股票市场开放模式看，可以讨论 B 股市场、境外上市、QFII 持股以及"沪港通"等交易方式。然而，本书选择以"沪港通"为研究样本有两个原因：①沪港通允许部分 A 股上市公司被香港地区投资者购买，其他上市公司作为对照组，可以为股票市场开放的研究解决内生性问题；②沪港通是我国股票市场开放的"首班车"，沪港通的运行标志着我国股票市场开放进入新的里程。那么，股票市场开放的经济后果亟待研究，这类研究可以为深入进行股票市场开放提供经验证据。

另外，为深入探讨股票市场开放对资本配置效率的影响以及会计信息在资本配置效率中扮演的角色，本书在股票市场开放与盈余管理关系的基础上分析股票市场开放对股票定价效率的影响以及盈余管理在股票市场开放与股票定价效率关系中的作用。股票市场开放不仅影响资本市场定价，也可能影响实体经济中的资本配置，因此本书进一步分析股票市场开放对投资效率的影响以及盈余管理在股票市场开放与投资效率关系之间的作用。

本书以委托—代理理论、会计的信息观及契约观为基础，以规范分析、实证分析、对比分析等方法探究股票市场开放对盈余管理、股价同步性以及投资效率的影响。

本书采用规范分析和实证分析相结合的方法。本书在构建理论基础以及分析制度背景的前提下，以规范分析方法探究股票市场开放应该在会计信息中起到的作用。然后采用实证分析的研究方法，收集了沪港通运行的相关数据，试图通过数据分析来检验规范分析的可靠性。具体而言，本书的实证分析方法主要包括：①倾向得分匹配法，以避免沪港通运行中标的股票特质性差异可能给结果造成的影响；②双重差分方法，引入沪港通运行的事件探究股票市场开放的经济后果以更好地解决实证分析中的内生性问题。

另外，本书还采用对比分析的方法。结合我国上市公司特有的股权性质，对比分析不同股权性质的公司中，股票市场开放对盈余管理、股价同步性以及投资效率的影响。

四、研究结构

股票市场开放后，境外投资者可以购买上市公司股票，他们利用丰富的交易经验、先进的技术分析手段、较为独立的社会网络以及较强的投资者保护意识对上市公司管理层和控股股东形成监督。同时，股票市场开放后，更多分析师的关注也可能提高分析师的监督能力。

境外投资者及分析师增加的监督能力可能促使上市公司管理层降低应计盈余管理行为，避免被境外投资者和分析师识别。然而，境外投资者的跨境信息劣势和分析师增加造成的压力可能导致上市公司提高真实盈余管理行为。因此，本书分析股票市场开放对盈余管理行为的影响。

低质量的会计信息影响资本的优化配置。一方面，低质量的会计信息不能被投资者识别，降低了股票市场定价效率（Hutton 等，2009），而股票市场价格通过影响资本流动进而影响资本市场资源的配置（逯东等，2012）。另一方面，低质量的会计信息还可能通过资本流动以及较高的委托代理成本导致实体经济中低效率的投资进而影响资本配置效率（比德尔等，2009）。不仅如此，较严重的代理问题可能导致除会计信息外的其他信息也不能被投资者所识别，影响股票市场定价效率进而影响资本配置。严重的代理问题也可能通过管理层自利进而影响实体经济中的投资效率。因此，股票市场开放对代理成本的降低以及对盈余管理的作用可能在一定程度上影响股票市场定价效率或投资效率。

为探究股票市场开放提高的监督能力对资本配置效率的影响以及盈余管理在其中的作用，本书在探讨股票市场开放与盈余管理关系的基础上，分析股票市场开放可能对资本配置效率产生的影响。由于股价同步性影响资本流动进而影响资本配置效率，实体经济中的投资效率受到资本流动和管理层决策行为的影响，因此，本书以股价同步性和投资效率衡量资本配置效率来分析股票市场开放对资本配置效率的影响以及盈余管理行为对股票市场开放与股价同步性或投资效率关系的影响。

为验证以上逻辑，本书设计了如图 0-1 所示的逻辑框架并进行了分析。

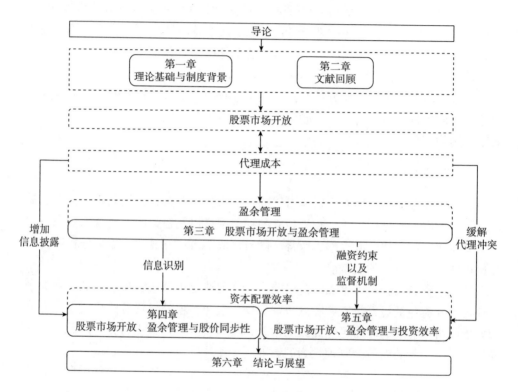

图 0-1　本书逻辑框架

本书各章主要内容如下：

第一章，理论基础与制度背景。

首先，从会计信息观和契约观出发探讨盈余管理的动机，以委托—代理理论为基础分析会计信息与资本配置效率的关系，并提出股票市场开放对于委托—代理关系的影响。

其次，分析股票市场开放的制度背景。探讨我国的股票市场开放历程，并重点分析沪港通开通的背景、开通过程以及在投资者和投资标的等方面的要求。分析沪港通与其他股票市场开放模式的差别。

最后，分析沪港通运行状况。探讨 2014～2015 年沪港通开通后每个月度的交易状况，分别描述沪港通标的股票年度及行业特征，并分析香港地区投资者对大陆 A 股上市公司的持股偏好。

第二章，文献回顾。

首先，回顾资本账户开放的相关文献。因为股票市场开放属于资本账户开放的一部分，国外关于资本账户的开放鲜有单独讨论股票市场开放的，故而讨论资本账户开放对经济增长、经济波动性以及公司治理的影响。

其次，回顾境外投资者持股的相关文献。包括投资者的本地偏好、会计准则变化对境外投资者持股的影响、股权结构、公司治理等对境外投资者持股的影响以及其他影响境外投资者持股的因素。探讨境外投资者监督作用、学习能力等境外投资者持股的经济后果。

再次，回顾境外上市的相关文献。包括上市目的地、上市公司本身特征对境外上市的影响因素、境外上市对信息披露、财务决策、审计以及分析师跟随等的影响，并分析了中国特色交叉上市的相关研究。

最后，对股票市场开放的相关文献进行评述，总结前人的研究结论并提出目前尚且需要研究的话题。

第三章，股票市场开放与盈余管理。

首先，提出目前股票市场开放的相关研究，并提出尚且需要改进的地方，然后提出会计信息的重要性以及股票市场开放可能对会计信息产生的影响进而引出问题。

其次，深入讨论股票市场开放的经济后果以及盈余管理的相关研究，并提出股票市场开放影响盈余管理行为的假设。

再次，进行实证研究的设计。说明样本选取方法及数据来源，并构建相关模型，对变量进行说明。

复次，对样本进行实证分析。除描述性统计、对股票市场开放与盈余管理的关系分析、稳健性检验外，进一步探讨不同盈余管理成本以及不同股权性质下股票市场开放影响盈余管理的程度，并探究股票市场开放对代理成本、"掏空"以及分析师跟随行为等的影响探讨股票市场开放影响盈余管理的作用机制。

最后，对本章进行小结，提出本章的结论及意义。

第四章，股票市场开放、盈余管理与股价同步性。

首先，分析我国资本市场上的股价同步性，并总结国内外关于股价同步性的相关研究，提出需要完善的地方。提出股票市场开放可能对股价同步性产生的影响以及盈余管理在其中的作用引出该话题。

其次，讨论股价同步性与定价效率的关系，并讨论其影响因素，结合我国股票市场状况，提出我国的股票市场开放可能对股价同步性产生的影响，并讨论不同盈余管理程度和方式下，股票市场开放对股价同步性的作用程度。

再次，进行实证研究的设计。说明样本选取方法及数据来源，并构建相关模型对变量进行说明。

复次，对样本进行实证分析。除描述性统计、对股票市场开放与股价同步性的关系分析外，对比分析不同股权性质、不同控制权与所有权的分离程度以及不同分析师跟随程度下股票市场开放的同步性效应是否存在。验证不同盈余管理程度下，股票市场开放对股价同步性的影响并进一步分析不同盈余管理成本下，股票市场开放的同步性效应有无差别。对两个主假设进行稳健性检验。

最后，对本章进行小结，提出本章的结论及意义。

第五章，股票市场开放、盈余管理与投资效率。

首先，提出投资效率的重要性，股票市场开放可能对投资效率产生的影响引出该话题。

其次，分析投资效率的影响因素，并进一步探讨股票市场开放与投资效率的关系提出假设1，分析盈余管理在股票市场开放与投资效率的关系中起到的作用，提出假设2。

再次，进行实证研究的设计。说明样本选取方法及数据来源，并构建相关模型，对变量进行说明。

复次，对样本进行实证分析。除描述性统计、对股票市场开放与投资效率的关系分析外，分析独立董事、控制权与所有权分离大小以及分析师跟随多少对股票市场开放投资效应的影响，对比分析不同股权性质中，股票市场开放与投资效率的关系有无差别。验证不同盈余管理程度下，股票市场开放对投资效率可能存在的影响并进一步分析不同盈余管理成本下，股票市场开放的投资效应。对两个主假设进行稳健性检验。

最后，对本章进行小结，提出本章的结论及意义。

第六章，结论与展望。包括本书的主要结论、政策启示、研究贡献、研究局限性及未来研究展望。

第一章　理论基础与制度背景

第一节　理论基础

一、会计信息观与盈余管理

会计信息在资本市场定价中具有重要作用。Ball 和 Brown（1968）观察发现，正向的未预期盈余导致正向的异常报酬率，而负向的未预期盈余则会导致负向异常报酬率。比弗等（1980）进一步指出，未预期盈余与异常报酬率之间的正相关关系，表明会计盈余传递有用的信息，并影响股票价格。后期研究也指出，利用股利贴现模型可以直接将盈余信息与公司价值联系（Ohlson，1995），进一步表明了会计信息在资本市场定价中的作用。

盈余在资本市场上的有用性导致管理层基于资本市场动机进行会计信息的操控，降低盈余质量。公司上市当年，异常应计为正，随后年度业绩降低，异常应计为负。同时，IPO 公司应用递增的折旧政策提高资产购买早期的盈余（Teoh 等，1998）。当年进行盈余管理的公司，未来进行更少的增发（Dan 等，2002）。Chen 和 Yuan（2004）利用我国证监会要求上市公司定向增发需满足三年内净资产收益率高于 10% 的规定发现，我国很多上市公司净资产收益率集中在 10% 的边缘，表明存在上市公司为满足业绩规定进行盈余管理的现象。上市公司在 SEO 中也会为了盈余管理选择声誉较差的承销商（Jo 等，2007）。国内的肖成民和吕长江（2011）提出上市公司规避退市的动机导致其存在盈余管理。王克敏和刘博（2012）指出，上市公司在公开增发前调高了盈余管理，然而随着业绩门槛的提高，盈余管理程度降低。另外，公司上市时不仅进行了应计盈余管理，也进行了真实盈余管理（蔡春等，2013）。刘烨和吕长江（2015）以贵人鸟为案例分析了上市公司 IPO 后的盈余管理行为，结果发现 2014 年上市的贵人鸟在 2012 年和 2013 年存在应计盈余管理和真实盈余管理行为。

二、会计契约观与盈余管理

企业是投资者、经营者、债权人、政府等各种利益相关者构建的契约集合（Coase，1937）。为了保证顺利运行，契约需要订立条款，会计信息成为契约条款的基准。股东依据会计数字给予管理层薪酬和奖金；债权人与企业签订的借款契约以会计数字为基础；政治家根据会计数字进行管制。因此，会计信息在契约中起到重要作用。

会计在契约中的作用促使企业存在操控会计数字的动机。高管薪酬与业绩相关时，高管为获取高的薪酬选择会计政策（Hagerman 和 Zmijewski，1979）。Healy（1985）提出薪酬红利假说，指出公司应计政策的选择和变化与高管的薪酬计划相关。实证分析发现管理层薪酬激励与企业可操控性应计显著正相关，表明薪酬契约是盈余管理动机之一（李延喜等，2007），苏冬蔚和林大庞（2010）提出，实施股权激励计划使股票期权占薪酬的比例与盈余管理之间的负相关关系减弱，表明股权激励计划也是盈余管理的动因。Damler（2013）利用 1993 ~ 2000 年的数据发现，股权激励公司更可能满足分析师预测，不太可能报告超过太多预测的业绩，表明管理层为了将来出售股票在当期选择业绩平滑，也表明管理层基于薪酬契约进行盈余管理。

会计在借款契约中的作用也给予企业进行盈余管理的动机。外部利益相关者利用会计数据衡量公司声誉，因此，公司业绩较好时，贷款利率较低的，公司为了获取较低的贷款成本可能进行盈余管理（Bowen 等，1995）。公司接近债务违约时倾向于选择盈余管理，违约成本越高，盈余管理的弹性越小，越可能进行盈余管理（Sweeney，1994）。公司债市场上，会计信息不完全时，债券信用利差提高（Duffie 和 Lando，2001）。Dichev 和 Skinner（2002）以 Dealscan 的数据发现，违反契约条款的样本少，但部分样本恰恰在契约条款以上，表明借款人可能基于债务契约进行了盈余操控。由于公司债市场更依赖信息，因此盈余管理程度越高，信息越不透明，企业越倾向于选择银行借款（Bharath 等，2008）。

Watts 和 Zimmerman（2009）提出，公司可能最小化盈余信息避免被政府"寻租"，为了规避管理可能调低盈余管理。需要支付大额赔偿金的公司倾向于降低盈余管理（Hall 和 Stammerjohan，1996）。Cahan（1992）研究发现，反垄断调查当局以企业会计业绩衡量垄断程度时，作为被调查对象的公司倾向于下调盈余。我国石油化工行业为了避免政治成本，倾向于在油价较高时调低盈余管理（张晓东，2008）。Ramanna 和 Roychowdhury（2010）发现，劳动力外包公司在美国 2004 年大选期间调低盈余以支持候选人的政治主张。刘运国和刘梦宁（2015）提出 PM2.5 爆表后，重污染企业倾向于下调盈余，该现象在规模较小的样本或非国有企业中更为显著，表明企业盈余管理受政治因素的影响。

三、委托—代理、会计信息及资本配置效率

现代企业中，企业的经营者并非所有者，而是企业的内部管理者，形成控制权与所有权的分离，导致所有者与经营者分离的委托—代理问题（Jensen 和 Meckling，1976）。由于信息不对称，代理人具有不易被投资者获取的私有信息，同时代理人追求私有收益的最大化。代理人对公司价值最大化目标的偏离损害了委托人的利益。委托人为了保障自己的利益，会与代理人签订委托代理合同。然而，契约的不完备性导致委托人无法在契约合同中完全约定代理人的行为。

在企业中，作为代理人的管理层有责任对所有者投入的资源进行生产，并保证资产的保值增值。然而，管理层可能追求自己的"帝国构建"，追求更多的在职消费，厌恶风险的管理层可能选择偷懒避免付出，为享受宁静的生活而避免改变决策，导致公司价值的减小。股东难以具备足够信息判断管理层的行为是否以公司最大值为目标。公司治理机制应运而生。公司治理从内部形成契约，规定管理层的职责，并通过股东大会、董事会、监事会等治理机制监督管理层行为，通过薪酬契约协调管理层与股东利益，通过聘请审计师等对管理层履行契约的状况进行监督。就外部市场而言，证券市场、产品市场、经理人市场以及分析师等均能通过竞争机制的引入避免管理层行为偏离股东利益。会计作为信息的提供者以及契约的要素影响委托代理问题，较高质量的会计信息能够缓解代理冲突。

会计信息可能影响资本配置效率（逯东等，2012）。会计信息通过股票价格影响资本流向，进而影响资本配置效率。信息不透明的国家，投资者对股价的判断越依赖市场，导致股价同步性较高（Jin 和 Myers，2006）。同样地，Hutton 等（2009）提出盈余管理程度高，不透明度高，公司信息不能被投资者使用，导致其股价同步性高。国内的王亚平等（2009）提出我国的股价同步性越高，反而股票定价效率越高，因此信息透明度与股价同步性呈显著正相关关系。金智（2010）的结论也与此类似。然而，陆瑶和沈小力（2011）指出，较高的盈余管理水平掩盖了公司特质信息导致股价同步性较高，上市公司股价信息含量较低。因此，盈余管理影响股票定价效率进而影响股票价格在资本市场中的资源配置功能。

另外，会计信息还可能通过资本市场中股价对资源配置的失衡导致实体经济中投资的低效率（Bar-Gill 和 Bebchuk，2002）。威尔第（2009）指出，财务报告质量在融资约束样本中显著降低了投资不足，在现金流充裕的样本中显著降低

了过度投资。李青原（2009）提出，高质量的会计信息便于资本市场融资。Biddle 等（2009）提出高质量财务报告，减小了资源配置中的逆向选择。因此，盈余管理可能通过影响资源配置进而影响实体经济中的投资效率。不仅如此，投资决策依靠信息中对未来成长性的判断，但盈余管理公司的信息不可靠，误导了管理层决策导致投资效率降低（Mcnichols 和 Stubben，2008）。刘慧龙等（2014）提出会计信息能够识别投资项目。

不仅会计信息影响资本的配置效率，委托—代理问题本身也对资本配置效率产生影响。存在严重委托—代理问题的企业中，管理层为了获取私利，既可能隐藏信息，外部投资者无法观察到相关信息，也可能影响股票定价效率。类似地，存在严重委托—代理问题的企业中，管理层为了私有收益最大化，可能并不进行投资或进行过度投资，导致投资的低效率。再者，由于严重的代理问题，上市公司可能无法从资本市场获取资金进而导致投资不足，或者高管虚构投资前景，从资本市场获取大量资金进而导致过度投资。因此，委托—代理问题本身也影响股价同步性及投资效率。

四、股票市场开放与委托—代理关系

（1）股票市场开放后，境外投资者可以购买上市公司股票，成为所有者。因此境外投资者与内部管理层形成委托—代理关系。然而，与控股股东和其他小中股东不同，境外投资者具有一定的特殊性：首先，境外投资者在全球市场内参与交易，具有丰富的交易经验，他们的选择可以通过证券市场传递信息，给管理层构成监督。其次，境外投资者具有先进的技术分析能力，他们利用先进的技术分析能够识别管理层对契约的执行状况。再次，境外投资者丰富的经验和先进的技术分析能力能够改善市场投资理念，避免跟风等现象。复次，股票市场开放后，境内资金的外流可能给境内上市公司构成压力，促使上市公司提高自身能力。最后，境外投资者具有独立的社会网络，我国的资本市场在制度、文化等方面具有特殊性，商业交易、财务安排以及公司治理被关系交易决定。国内投资者要想从上市公司获取收益，需要维系国内错综复杂的政治关联、银企关系并进入高管"圈子"等（Leuz 和 Warnock，2009），不能有力地监督上市公司，而境外投资者的相对独立性可以促使其进行有效的监督。

（2）股票市场开放后，分析师、审计师等中介机构面临巨大机遇和挑战的同时也加强了对上市公司的监督。一方面，境外投资者的增加对信息中介的需求增加，更多中介服务的提供满足境外投资者的同时也对上市公司形成监督。另一方面，国内中介机构可能面临更多境外机构的竞争，促使国内中介提高信息供给，进一步对上市公司形成监督。

（3）为了避免投资者损失，政府需要对证券市场进行管制，通过监管、引导实现投资者利益的保护，降低委托人与代理人之间的成本。美国的《证券法》要求上市公司向投资者提供实质性信息，并且禁止误导、虚假和其他欺诈行为。表明法律制度在投资者利益保护中的作用。然而不同的国家对投资者利益保护的力度不同。拉波特等（1998）首次提出法与金融的问题时指出，普通法系比大陆法系更能保护投资者利益，另外发达国家的法律执行力度更好。作为新兴市场国家，我国的投资者保护程度较弱，根据拉波特等的统计，我国在法律制定以及执行方面均低于香港地区。一方面，我国存在政府干预。政府利用行政手段干预市场中的投融资行为，在经济发展前期，通过政府的干预可能为上市公司尤其是国有企业筹集资金，促进经济增长。然而长期而言，政府的干预导致上市公司成为重点保护对象，而对投资者的保护不足。另一方面，我国的证券市场中，投资者以散户为主，由于投资渠道、信息分析能力的不足，这些投资者反而偏好投机，法律意识淡薄，既没有动机也没有能力保护自己的利益。香港地区较强的法律法规和严格的信息披露制度在保障投资者利益的同时也培养了境外投资者较强的法律意识，面临利益侵占时，境外投资者可能采取法律诉讼，给管理层构成压力。因此，股票市场开放后，境外投资者会对上市公司管理层形成监督和制约。

第二节　制度背景

自 20 世纪 70 年代起，发达国家的股票市场相继开放，经十余年后，大部分国家开放了股票市场。其中，作为股票市场规模最大的国家，美国股票市场的开放对全球市场具有重要的影响。21 世纪以来，美国良好的资本市场环境吸引了一大批境外上市公司以及境外投资者。通过股票市场的开放，美国证券市场已经成为全球性的交易市场，既形成了健全的法律法规及监管体系，也拥有成熟的投资者和中介机构。然而值得注意的是，正是由于美国在国际资本市场中的地位，2008 年前后爆发的次贷危机，导致全球股市动荡。

其他发达国家中，日本和澳大利亚的股票市场开放具有鲜明的对比。日本遵循渐进原则，加入经合组织后，由于经合组织要求资本市场的开放，日本于 1973 年允许境外公司在日本证券交易所上市。1986 年，日本离岸金融市场的设立进一步将日本的股票市场开放推到较高的水平。1980 年以前，澳大利亚股票市场处于严格管制阶段，20 世纪 80 年代末澳大利亚完全放开了股票市场，因此澳大利亚的股票市场经历了激进的改革。

不仅发达市场通过股票市场开放推进了国际化进程，中国台湾的股票市场开放时间也较早。1983 年，我国台湾地区成立证券投资信托公司，在日本以及欧洲发行中国台湾基金，允许境外投资者通过基金进行间接投资；1991 年，创新性的设立合格境外机构投资者（QFII）制度，允许这类机构之间进行投资，该制度规定单一合格境外机构投资者持有一家上市公司股权比例不得超过 5%，所有合格境外机构投资者合计持有一家上市公司股权的比例不得超过 10%；1996 年后，境外个人投资者和机构投资者可以直接投资中国台湾证券，但将境外投资者持股比例限制在 25% 以下，经过几次持股比例调整后，中国台湾于 2001 年后，完全放开境外投资者持股限制。

早在 1891 年，中国香港股票经纪协会也就是中国香港证券交易所的前身就成立了。1969～1973 年，远东证券交易所、金银证券交易所和九龙证券交易所相继成立，形成香港地区的"四会时代"。香港地区股市蓬勃的发展吸引了众多海外投资者。为了进一步降低交易成本，1986 年 4 月，"四会"合一，形成香港地区联合交易所，随着香港地区经济的快速发展，中国香港股票市场在开放的进程中获得了快速发展。香港地区极具优势的地理位置、稳定的政治环境、快速发展的经济环境以及良好的制度安排，为香港地区股票市场的国际化进程保驾护航。据统计，截至 2016 年 7 月 31 日，香港地区联合交易所的市值以及交易量排名均居全球前十大交易所。境外投资者比例高达 39%，这些投资者主要以美国、欧洲、中国大陆以及新加坡为主，这些国际化的特征与中国香港地区稳定的政治、快速的经济发展、良好的制度安排息息相关。充分表明了中国香港证券市场的国际化身份。

我国的股票市场起步于 20 世纪 90 年代，属于较年轻的资本市场。全球经济的一体化，使股票市场开放成为一种必然选择。一方面，我国经济增长离不开全球性的资本配置、全球先进的经验技术以及严格的监管制度；另一方面，我国强大的经济增长潜力也能为世界经济发展贡献力量，从而让我国在世界经济中占有一席之地。股票市场开放有利于促进经济增长（King 等，1993），降低企业融资成本（Bekaert 等，2005）。然而，开放的市场也可能使本国经济体较易受全球金融波动的影响（Kaminsky 等，1999），20 世纪 90 年代亚洲经济危机以及 2008 年美国金融危机对日本和欧盟的影响便是鲜明的例子。所以，股票市场的开放既有必要性，又要避免可能带来的经济波动。

我国政府一直试图在全球化趋势下合理地渐进地从股票市场融资、投资方面开放股票市场。这些开放模式包括，1991 年 B 股市场的开放，1992 年我国公司赴境外上市，2002 年引入合格境外机构投资者，2014 年沪港股票市场互联互通以及 2016 年推出的深港股票市场互联互通。接下来，本书将深入分析我国股票市场开放的模式。

一、沪港通前的股票市场开放

(一) B 股市场设立

20 世纪 90 年代初，经济快速发展的我国急需大量资金，为了既吸引外资，又不会对国内刚成立的证券市场造成严重冲击，人民币特种股票（B 股）开始正式发行。B 股以人民币为面值，以外币认购和交易。注册地在境内，股票在上海或深圳交易所交易，其中，在上海证券交易所以美元结算，在深圳证券交易所以港币结算。2001 年以前，B 股仅允许我国境外以及中国香港、澳门和台湾地区的投资者进行交易，2001 年后境内个体投资者也可以进行交易。1992 年，上海真空电子器件股份有限公司在上海证券交易所发行 B 股，既标志着我国 B 股市场的诞生，也标志着我国股票市场正式向对外开放迈出了第一步，结束了境外投资者不能在中国证券市场交易股票的历史。

随着 B 股市场的设立，我国政府及证券监管部门出台了一系列相应法规促进 B 股市场的发展及完善，主要有如下几条：1995 年，我国第一部全国性 B 股法规《国务院关于股份有限公司境内上市外资股的规定》在国务院常务会议讨论通过，该法规规定了 B 股发行企业应具备的条件以及投资者的身份。1996 年，发布了法规实施细则。1997 年，《关于推荐 B 股预选企业的通知》正式发出，该通知提出 B 股的发行采取预选制度。1998 年，《境内上市外资股（B 股）公司增资发行 B 股暂行办法》出台，该办法规定符合条件的 B 股上市公司可以在股票市场增资；1997 年，大量 H 股和红筹股大量发行后，B 股市场国际融资功能减弱，再加上我国上市公司信息披露方面无法满足国际投资者的信息需求，导致国际投资者在 B 股市场的撤退。因此管理层制定相应法规试图振兴 B 股市场。1998 年，《关于 B 股上市公司中期财务报告审计问题的通知》由证监会发布，对 B 股公司的信息披露进行了说明。1999 年，《关于企业发行 B 股有关问题的通知》由中国证监会发布，该通知取消了 B 股发行的所有权限制，鼓励非国有企业参与 B 股市场，从 B 股供给角度激发市场活力。2000 年《关于境内上市外资股（B 股）公司非上市外资股上市流通问题的通知》中规定了 B 股上市公司外资发起人股，可以在公司成立三年后于 B 股市场流通，增加了 B 股市场容量，增强了境外投资者信心。2001 年，B 股市场允许境内投资者参与交易。然而其后 B 股市场没有相关政策出台。

随着 B 股政策的出台，B 股市场的开放经历了动荡的发展流程。1992 年 5 月，上海 B 股指数高达 140.85 点，1999 年 3 月，上海 B 股指数达到最低点，仅为 21.24。2001 年允许境内投资者投资后，B 股市场成交额和成交量经历了急速的飙升，随着短暂繁荣的落幕，B 股市场走向低迷，其后的繁荣仅仅是伴随 A 股市场的成长而发展。目前，B 股市场已基本成为我国资本市场的边缘。

较为边缘的资本市场不利于上市公司自身发展，近年来，部分 B 股上市公司谋求改革。2013 年东南发电 B 股转 A 股成为我国资本市场 B 股转 A 股的首例，浙能电力通过向东南发电其余股东发行 A 股换取东南发电 B 股股票，完成后，浙能电力申请上市，东南发电 B 股退市，该方案一经公布，东南发电 B 股股价开始飙升，表明市场认可这场创新性的 B 转 A 模式。2015 年 9 月，招商地产推出 B 转 A 方案，不同于先前的 B 转 A 案例，招商地产为 "A + B" 转 A 提供转换示范，招商蛇口控股通过发行 A 股方式换股吸收合并招商地产 AB 股，换股后，招商蛇口 A 股挂牌交易。我国 B 股市场除 10 家左右的纯 B 股上市公司外，其余 100 家左右为 "A + B" 股上市公司，招商地产的 B 转 A 方案为大部分 B 股上市公司改革提供借鉴案例。

随着 H 股、QFII 等各种股票市场开放模式的实施，B 股市场在我国资本市场中的地位及作用大不如前。然而不可忽视 B 股市场曾对我国经济发展做出的巨大贡献。20 世纪 90 年代初，年轻的我国资本市场需要一个国际窗口，国有企业改革需要大量外汇储备，B 股市场应运而生。B 股市场在我国的改革浪潮中具有以下历史贡献：在当时外汇紧缺的环境下，B 股市场的设立为国有企业的改革筹措了资金，保障了国有企业以及国民经济的快速发展；B 股的设立标志着我国吸引外资的方式从借款或外商直接投资转换到通过股票市场开放进行间接融资的方式；B 股市场成立之初引起了全球资本市场的广泛关注，部分境外经营机构正是由于 B 股的吸引才首次在中国设立机构，开始分析我国的资本市场；B 股为吸引境外投资者，其会计核算办法以及信息披露制度完全遵照国际会计制度进行设计，作为资本市场开放的窗口，B 股为我国资本市场国际化、规范化的完善提供了模范作用。

（二）境外上市

境外上市是指我国公司在境外股票市场进行股权融资。目前，境外上市是我国公司筹集海外资金的主要方式。境外上市包括直接和间接两种上市形式。直接上市是指我国企业经政府审批后，赴中国香港、美国、新加坡等境外资本市场发行 H 股、N 股、S 股等，既可以通过直接挂牌上市，也可以通过美国预托凭证（ADR）或全球预托凭证（GDR）做境外上市。这类上市公司以国有企业为主，主要集中在中国香港证券交易所。间接上市是指具有中资背景的公司在境外注册成立公司并在境外股票市场上市。这类公司倾向于在香港地区、百慕大等免税地区设立公司，通过并购等方式取得国内公司控股权，然后将该免税地区的公司在海外上市，规避了国内的政策监管。

我国企业早期的赴境外上市伴随国有企业改革而生。20 世纪 90 年代初，我国国有企业不仅承担经营重任，还要担负政府经济目标，没有现代化的经营理念和组织形式。然而，国外资本市场投资者保护严格，法律制度以及监管体系健全，信息披露要求严格，诉讼风险较高，投资者的组成也以成熟的机构投资者为主，市场噪声较小。因此，我国政府鼓励一批国有企业赴境外上市，希望引进境外先进的管理制度、技术以及经营理念，为更多的国有企业改革提供示范作用，借此完善国内企业治理结构以及经营方式。随着市场经济的快速发展，我国诸多高新技术企业以及互联网企业赴境外上市，这类企业考虑潜在估值、流动性、上市便利程度以及投资者的认知能力。首先，境外资本市场在盈利能力等方面准入条件较低，融资效率高，上市流程透明度高，监管不确定性低，而新兴企业难以满足我国 IPO 融资条件以及较高的隐性融资成本，进而将目光转向境外；其次，境外严格的监管环境为企业完善公司治理机制提供机会，可以保护股东利益提高公司价值；再次，境外投资者以机构投资者为主，成熟的投资者不会导致股价大幅波动，同时也会吸收公司异质性信息正确反映公司估值；最后，境外上市提高了公司的国际知名度，既为企业的产品市场提高了声誉，也为企业其他形式的融资提供了便利。

　　1984 年，华润集团与中银集团便开始利用新琼有限公司控股中国香港康力投资有限公司，开启了我国企业最早的间接境外上市。1992 年，在百慕大注册的华晨中国汽车控股有限公司分别在纽约和中国香港上市。1993 年，青岛啤酒在中国香港联合证券交易所上市，成为我国首个直接在中国香港联交所挂牌上市的企业，同时也开启了我国国有企业赴境外上市的征程。此后，我国经济的快速发展对境外投资者形成强大的吸引力，大批企业赴境外上市。这其中有几次赴境外上市浪潮，1992～1994 年，大型国有企业被批准赴中国香港或纽约上市，然而由于体制问题，这股浪潮进入低潮期；1995 年，我国大力发展基础设施产业，电力、交通等基础设施类企业赴港上市，然而由于国内经济疲软，这类企业股价暴跌；1996～1997 年，内地政府控股的红筹股冲向香港地区市场，然而由于 1997 年亚洲经济危机波及中国香港股市，赴港上市开始进入低潮；2000～2008 年，越来越多的大型国有企业，如中国海油、中国电信等；高新技术企业，如乔欣环球；互联网新兴企业，如新浪网等赴境外上市，然而这轮热潮随着美国次贷危机而消退。2009～2011 年，约有 67 家公司登陆纳斯达克或纽约证券交易所，主要以高新技术企业以及互联网企业为主，这类企业成长性高，但短期内持续盈利能力较低，很难满足国内上市要求，赴境外上市为这类企业发展提供了机会。近年来，金融行业成为赴港上市的主力，2015 年 8 月前，便有 4 家金融机构在中国香港联交所上市。据证监会统计，截至 2015 年 7 月，仅主板境外上市外资股便有 190 家，筹资金额共计 2730.8 亿美元。

我国企业赴境外融资并非一帆风顺，由于不熟悉境外规则，缺乏公司治理理念等使上市公司为达到监管要求而提供虚假信息，导致我国企业在境外上市中遭遇集体诉讼、罚款以及被调查等问题。1999 年，中华网首次在纽约证券交易所挂牌上市，并向美国证券交易委员会（SEC）提交了注册声明，然而，由于中华网的承销商与部分投资者签订的协议未在提交的说明中予以披露，被起诉说明书具有重大错报，存在可能误导投资者的嫌疑。2004 年，UT 斯达康被起诉虚增收入，发布误导性声明等，一度引起股价大幅下跌。不仅美国股票市场，在中国香港上市的创维数码因财务报告虚假，挪用公司资金等导致高管被拘留；华燊燃气因虚假报告被中国香港证监会停牌。境外股票市场注重投资者保护以及信息披露，相应法律法规体系监管严格，因此境外上市公司关注境外资本市场带来的收益同时需要关注相应风险，提升公司治理水平，尽量避免被监管当局调查、被罚款等各种负面事件。

由于境外上市公司承担的示范效应，我国存在多家境外上市公司转回 A 股的状况。与国际上先在母国上市再去境外上市的公司不同，我国的境外上市之路恰恰相反，早期的部分国有公司首先赴境外上市，然后回归 A 股市场，目的在于为国内正在进行的国有企业改革提供榜样和示范作用。政府对境外上市公司的干预不仅体现在召回 A 股提供示范方面，还体现在 2006 年后，为避免国内股票市场空心而鼓励大型公司回归 A 股。当然也有部分上市公司转回 A 股是因为境外融资困境等。

整体而言，境外上市在我国的经济发展中起到重要作用：首先，境外上市公司通过境外股票市场的融资为企业发展提供资金；其次，境外上市公司通过绑定境外严格的法律制度以及监管体系提升了自身公司治理水平（王化成等，2008）；再次，境外上市公司通过国际资本市场为企业建立声誉，便于以后的产品市场开发（徐虹，2014）；最后，境外上市公司通过走出国门在世界资本市场中扮演角色并提升了中国在全球经济中的地位。

（三）允许合格境外机构投资者（QFII）投资 A 股市场

证券市场开放虽然可能会带来经济增长等收益（Bekaert 等，2005），但也可能引发经济波动风险（Stiglitz，2000），为了有条件地利用开放的优势，QFII 制度则可以在渐进开放中把风险控制在一定范围内。QFII 投资是指要求符合条件的境外机构投资者获得当地政府审批后，汇入外汇资金，转换为当地货币，进而投资当地证券市场；投资结束后，资金汇出。通过将境外投资者的投资管控在一定范围内，来尽量避免可能引起的风险。

2002 年，中国证券监督委员会和中国人民银行联合发布的《合格境外机构投资者境内证券投资管理暂行办法》正式施行，针对合格机构投资者的资格、审批程序、资金管理等给出规定。同年，外汇管理局也发布了《合格境外机构投资者境内证券投资外汇管理暂行规定》，规定了托管人、汇兑管理等。上海证券交易所和深圳证券交易所均颁布了《合格境外机构投资者证券交易实施细则》，规范了合格境外机构投资者的交易活动。2003 年，五家国内商业银行和两家外资银行通过证监会批准，获得 QFII 托管资格。同年 5 月，野村证券株式会社以及瑞士银行有限公司经证监会批准，获得 QFII 资格。7 月，瑞士银行下单购买 A 股股票，标志着我国通过 QFII 制度开放股票市场正式开始。

暂行办法中规定，单一境外机构投资者通过 QFII 持有单个上市公司股票的比例不得超过该公司股份的 10%，该要求与对国内基金的要求一致。所有境外机构投资者通过 QFII 对一家上市公司持有股票的比例总和不得超过该上市公司股份的 20%。另外，暂行还对资金的汇入汇出提出了具体管理。2006 年 9 月，中国证券监督委员会、中国人民银行以及中国外汇管理局联合发布了《合格境外机构投资者境内证券投资管理办法》，并且发布了《关于实施〈合格境外机构投资者境内证券投资管理办法〉有关问题的通知》，放宽了 QFII 条件的限制，国家外汇管理局也于当月发布了《合格境外机构投资者境内证券投资外汇管理规定》，试图更有效地监督投资额度和资金汇出汇入。一系列法规的颁布为我国的QFII 提供了良好的制度环境，并对 QFII 交易实施严格的监管，进一步开放了我国的资本市场，标志着我国资本市场的 QFII 制度迈入新台阶。

2011 年，中国证券监督委员会、中国人民银行和中国外汇管理局颁布了《基金管理公司、证券公司人民币合格境外机构投资者境内证券投资试点办法》。该办法规范了人民币境外合格机构投资者（RQFII）的投资办法，即境内证券公司及基金管理公司的香港地区子公司可以首先在香港地区募集人民币，经过审批后，投资境内证券市场。RQFII 同样要求具有托管人资格的银行托管资产，并受外汇管理局的管制。RQFII 既能充实 A 股市场，也能为境外人民币的回流提供渠道。

QFII 制度自开启以来发展良好，据统计，截至 2017 年 1 月 25 日，我国共批准 276 家合格境外机构投资者，累计投资总额为 873.09 亿美元。2004 年，QFII 持续增持 A 股，倾向于传统优势行业、新兴优势行业以及第三产业等，对股权分置改革概念股青睐有加。由于其持股比例较低，故没有动机参与公司治理，反而倾向于选择业绩好、成长性高的股票（李蕾和韩立岩，2014）。

QFII 制度的引入通过吸引境外投资者影响我国证券市场。首先，境外投资者的参与形成我国较为多元的投资者结构，合格的境外机构投资者利用境外先进的投资理念及分析能力在中国资本市场投资，改善我国散户为主的投机性投资。其次，合格的境外机构投资者对公司的选股考虑上市公司成长性，注重分析上市公司的信息披露，必然会给上市公司施加压力，促使上市公司提高公司治理水平和信息披露能力。最后，合格的境外机构投资者通过投资境内股票市场丰富了他们的投资种类，同时也把我国的上市公司带入全球性的资本市场配置中，进而提高了我国市场与全球市场的关联度，提高了我国资本市场在国际市场的影响力。

二、陆港资本市场互联互通——沪港通和深港通

2014 年 4 月 10 日，正在参加博鳌亚洲论坛的李克强总理宣布"积极创造条件，建立上海与香港地区股票市场交易机制，进一步促进内地与香港地区资本市场双向开放和健康发展"。同一天，《中国证券监督管理委员会、香港地区证券及期货事务监察委员会联合公告》发布，公告中提出允许上海证券交易所、香港地区联合交易所有限公司、中国证券登记结算有限责任公司、香港地区中央结算有限公司开展沪港股票市场交易互联互通机制试点。2014 年 11 月 10 日，中国证券监督管理委员会和中国香港证券及期货事务监察委员会再度发布联合公告，宣布沪港通股票交易将于 2014 年 11 月 17 日开始实施。

沪港通包括香港地区的投资者通过香港地区经纪商，经过香港地区联交所设立的证券交易服务公司向上海证交所买卖股票；以及大陆的投资者通过大陆证券公司，经过上交所设立的证券交易服务公司向香港地区联交所买卖股票（以下简称沪港通下的港股通）。

沪股通投资标的为上证 180 指数成分股、上证 380 指数成分股以及同时在上海证券交易所和香港地区联交所上市的"A＋H"股公司的 A 股。港股通的股票标的为恒生综合大型股指数成分股、恒生综合中型股指数成分股以及同时在两个交易所上市的"A＋H"股公司的 H 股。

试点初期，沪港通总投资额度为 3000 亿元人民币，每日投资额度为 130 亿元人民币，港股通总投资额度为 2500 亿元人民币，每日投资额度为 105 亿元人民币。2016 年 8 月 16 日，随着不限制投资额度的深港通启动，沪港通投资总额度取消。

投资者限制方面，试点初期，参加港股通的境内投资者仅限机构投资者以及证券账户及资金余额高于 50 万元人民币的个体投资者。2014 年 6 月 13 日，中国证券监督委员会颁布《沪港股票市场交易互联互通机制试点若干规定》，对各方参与者应履行的职责、外资持股比例等做出了规定，其中规定单一境外投资者对单一上市公司持股比例不得超过该上市公司股份总数的 10%，所有境外投资者对单一上市公司持股比例合计不得超过该上市公司股份总数的 30%。

随着沪港通的开启，深港通也被监管层提上日程。2016 年 8 月 16 日，《中国证券监督管理委员会、香港地区证券及期货事务监察委员会联合公告》宣布批准深圳证券交易所、香港地区联合交易所有限公司、中国证券登记结算有限责任公司、香港地区中央结算有限公司建立深港股票市场交易互联互通机制（以下简称深港通）。2016 年 11 月 25 日，中国证券监督管理委员会和香港地区证券及期货事务监察委员会再度发布联合公告，宣布深港通股票交易将于 2016 年 12 月 5 日开始实施。

深港通包括香港地区的投资者通过香港地区经纪商，经过中国香港联交所设立的证券交易服务公司向深圳证交所买卖股票（以下简称深股通）以及大陆的投资者通过大陆证券公司，经过深圳证券交易所设立的证券交易服务公司向中国香港联交所买卖股票（以下简称深港通下的港股通）。

深股通投资标的为市值 60 亿元人民币及以上的深证成分指数、深证中小创新指数的成分股，以及深圳证券交易所上市的"A＋H"股公司的 A 股。深港通下的港股通投资标的除包括沪港通下的深港通投资标的外，还包括市值 50 亿元港币及以上的恒生综合小型股指数的成分股。

深港通没有投资总额度限制，深股通每日投资额度与沪股通相同，深港通下的港股通每日投资额度与沪港通下的港股通相同。另外，试点初期，参与深股通买卖创业板股票的投资者仅限于香港地区限定的机构投资者，后期时机成熟可开放其他投资者参与交易。

香港地区股票市场既具有成熟市场的制度，又具有新兴市场的特点。首先，由于历史原因，中国香港与英美国家在经济和金融等方面联系紧密，相应的证券法律法制及监管制度根植于英国老牌资本主义国家，非常注重对投资者的保护（拉波特等，1998），法律执行也较为严格，政府干预程度较低，信息披露监管较好，保证了市场自由发展。其次，香港地区市场中较多的境外投资者，尤其是境外机构投资者，为股票市场有效发展提供了机遇，也催生了成熟的信息中介机构，包括分析师、信用评级以及审计师等。再次，中国香港身处亚洲，20 世纪 90 年代亚洲新兴经济体的发展吸引了大批境外投资者，而香港地区作为亚洲离岸金融市场吸纳了大部分投资，进一步促进了香港地区证券市场的发展。最后，20 世纪 90 年代，香港地区股票市场在我国内地的开放与发展中扮演角色。据统计，截至 1995 年，香港地区上市公司中有 40% 以上的公司投资了内地项目，香港地区对内地的投资占内地投资的比重高达 60%，内地经济的快速发展充实了香港地区上市公司的利润。1993 年，青岛啤酒 H 股的发行揭开了中国内地公司赴港上市的帷幕，截至 2016 年 8 月 31 日，香港地区交易所主板加创业板共 1926 家上市公司中，内地上市公司占比数量高达 51%，市值占比 61%，交易量占比甚至高达 71%。恒生 50 成分股中，有 24 只来自内地上市公司。一系列数据充分说明了内地经济及企业在香港地区股票市场中的重要作用。

基于此，中国证监会和香港地区证监会在沪港通的《联合公告》中提出，沪港通有利于加强两地资本市场联系，推动资本市场双向开放。具有以下几个方面的积极意义：

首先，互联互通有利于通过一项全新的合作机制增强我国资本市场的综合实力，深化交流合作，扩大两地投资者的投资渠道，提升市场竞争力。

其次，沪港通有利于巩固上海和香港地区两个金融中心的地位，有助于提高上海及香港地区两地市场对国际投资者的吸引力，有利于改善上海市场的投资者结构，进一步推进上海国际金融中心建设；同时有利于香港地区发展成为内地投资者重要的境外投资市场，巩固和提升香港地区的国际金融中心地位。

最后，沪港通有利于推动人民币国际化，支持香港地区发展成为离岸人民币业务中心。沪港通既可方便内地投资者直接使用人民币投资香港地区市场，也可增加境外人民币资金的投资渠道，便于人民币在两地的有序流动。

具体到 A 股市场，互联互通可能使 A 股市场在与香港地区股票市场的交易与开放中走向完善之路。其一，与香港地区股票市场相比，内地股票市场投资者中散户较多，投机气氛浓厚，互联互通后，投资者通过与香港地区股票市场的接触，能够降低市场噪声，增加 A 股市场中的机构投资者。其二，A 股上市公司在治理机制以及信息披露等方面不够完善，互联互通后，香港地区投资者成熟的投资理念以及较好的投资者保护环境能够敦促 A 股上市公司完善公司治理机制，提升信息披露水平，降低代理成本。另外，随着国际投资者的加入，A 股上市公司的国际影响力开始增加。其三，内地与香港地区在交易机制以及监管体系方面存在诸多差距，与香港地区股票市场的接触，有利于提高内地资本市场的市场化、法制化以及国际化，完善监管体系，补充监管漏洞。其四，互联互通提供的更多投资机会为资本市场中介提供机遇的同时也带来挑战，A 股上市公司的分析师、审计师以及承销商等面临国际化压力不得不加强行业自律能力、深入学习国际化经验，进而提升本行业在 A 股市场的影响力。

资本市场的互联互通给大陆和香港地区股票市场带来机遇的同时也隐含重大风险，有待资本市场参与者关注：首先，虽然资本既可以投资内地资本市场，也可以选择香港地区证券市场，但资本的逐利属性可能加剧资本单边流动，对汇率造成压力。其次，境内投资者对香港地区股票市场缺乏制度了解，投资理念有待提高，贸然进入香港地区证券市场可能存在投资风险。再次，境外投资者参与国内股票市场，可能引发股票市场波动（Stiglitz，2000），造成市场恐慌等。最后，境外成熟机构投资者的涌入可能对上市公司估值产生影响。

三、陆港资本市场互联互通与其他股票市场开放模式对比

陆港资本市场互联互通利用内地和香港地区证券交易所的对接完成了境外投资者直接投资境内股票和境内投资者直接投资境外股票的直接交易，属于资本市场双向开放的首发车。与 B 股、境外上市以及 QFII 制度既具有开放的一致性，又具有一定的特殊性。

首先，陆港资本市场互联互通与 B 股在目的、开放方向、投资者、监管制度、交易方式等方面存在一定的差异。就设立目的而言，20 世纪 90 年代初期为引进外资，同时避免外资对年轻的中国资本市场产生冲击，B 股市场应运而生。沪港通和深港通开通的目的为增强国内资本市场的实力，促进资本市场双向发展。从开放方向来看，B 股市场只是允许境外投资者在我国市场进行交易，而沪港通和深港通则既包括境外投资者买入境内上市公司股票，也允许境内投资者买卖香港地区上市公司股票。就投资主体而言，B 股市场投资者在 2001 年以前，仅允许境外投资者参与，2001 年 2 月 19 日后，境内投资者也可参与买卖。而沪股通和深股通的投资者仅为香港地区投资者，但股票标的同时也可以被 A 股市场投资者购买。港股通的投资者仅为境内投资者。就投资客体而言，B 股市场上市公司为被批准从 B 股市场上市的所有企业，包括部分"A＋B"股公司。而沪港通和深港通的投资标的为沪深部分 A 股上市公司和部分港股上市公司。就监管制度而言，B 股市场的监管者主要由国内证监会等部门负责，而沪港通和深港通的监管者则为内地和香港地区两地的证券监管机构。就交易方式而言，B 股投资者可以直接用美元（港币）在上海证券交易所（深圳证券交易所）结算。而沪股通和深股通的投资者需要经过香港地区联交所设立的证券交易服务公司向上海证交所买卖股票。

其次，陆港资本市场互联互通与境外上市也存在巨大差异。就开放目的而言，我国最初的境外上市是为国有企业的改革积累经验，随着国内资本市场的发展，这一目的开始被淡化，但沪港通和深港通的开通则为资本市场深化改革服务。就开放方向而言，境外上市允许我国企业在境外资本市场融资，而沪港通和深港通则既允许香港地区投资者投资境内市场，也允许内地投资者投资境外市场。就监管层面而言，境外上市的监管层主要在上市所在地，我国直接赴境外上市公司需要经过证监会批准，而沪港通和深港通则需要经过证监会和香港地区证监会两地的监管机构批准。就投资主体而言，境外上市投资者主要是境外投资者，而沪股通和深股通的投资者主要是香港地区投资者，港股通的投资者主要是境内投资者。就投资客体而言，境外上市的投资标的为境外上市公司主体，而沪港通和深港通的投资标的为部分 A 股或港股上市公司。

最后，陆港资本市场互联互通的引入是资本市场的进一步开放，这一制度在资本市场开放方面与 QFII 制度存在诸多不同。从投资主体来看，QFII 制度需要经过审核，满足一定条件才能成为合格的境外机构投资者参与市场，而沪股通和深股通，除创业板外，基本对境外投资者没有特定要求。从投资客体来看，QFII 可投资领域较宽，从交易所上市的股票、债券到权证等，而沪股通和深股通的投资具有一定范围，并且仅限部分 A 股上市公司，投资者需要在该范围内选取投资目标。从投资流程来看，QFII 投资需要选取商业银行作为托管人，增加了交易成本，而沪股通和深股通则简化了流程。从投资额度来看，QFII 的投资额度是外汇局分配给每个 QFII，而沪港通和深港通给定所有投资者每日限额。

第三节 沪港通运行状况

为了能对沪港通交易有大体的了解，笔者对 2014～2015 年沪港通整体交易状况、标的上市公司特征等进行了描述性统计，并分析了境外投资者对沪港通股票的持股偏好。

一、沪港通样本描述

截至 2015 年 12 月 31 日，沪股通合计买入 8632 亿元，累计卖出 7747 亿元。图 1－1 描述了沪港通月度交易状况，柱状图为沪股通月度买入或卖出金额，折线图为港股通月度买入或卖出金额。由图 1－1 可知，2015 年 4 月以前，沪股通交易金额远远大于港股通。这种现象在 2015 年 4 月后出现短暂反转。沪股通买入金额最大值出现在 2015 年 6 月，此后，沪股通买入金额持续低迷，甚至在此后的数月中，卖出金额大于买入金额。港股通自 2015 年 4 月在买入和卖出金额到最高点后，在 2015 年 7 月迎来小高峰，甚至 2015 年底，港股通买入金额超过了沪股通买入金额。

为了解沪港通中境内 A 股上市公司的参与状况，本书对沪港通标的进行了描述性统计。沪港通 A 股上市公司标的共计 661 只，1230 个公司年度数据，其中有 145 个公司共计 182 个公司年度在至少一个交易日内成为沪港通前十大买入股，其中，601318（中国平安）成为沪股通被买入次数最多的股票，2014 年度 31 个交易日中共 29 个交易日成为沪港通前十大买入股，2015 年度 237 个交易日中共 229 个交易日成为沪港通前十大买入股，这可能与中国平安既有 H 股又有 A 股，同时盈利状况较好有关。

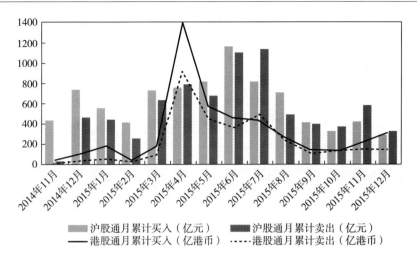

图1-1 沪港通月度交易状况

为更清晰地了解沪港通标的年度和行业分布以及香港地区投资者的持股偏好，本书剔除了66个金融行业样本，148个含有H股或B股的样本以及63个变量缺失样本，剩余953个公司年度数据。

表1-1对样本和交易天数偏好①进行了年度和行业描述。由表1-1可知，样本在2014年和2015年分布较为均匀，2014年平均每只股票成为沪港通前十大买入股的天数占总交易日的比例为0.004，2015年平均每只股票成为沪港通前十大买入股的天数占总交易日的比例（Pref Day）为0.007。2014年11月17日，沪港通开始运行，2014年共31个交易日，2015年共237个交易日。因此，2014年平均每只股票成为沪港通前十大买入股的天数0.124天，2015年该值为1.659天，表明2015年沪港通标的股票被频繁买入。

表1-1 分年度和分行业描述

年份	样本量	Pref Day
2014	479	0.004
2015	474	0.007
合计	953	0.005
行业	样本量	Pref Day
农、林、牧、渔业（A）	12	0.001
采掘业（B）	50	0.000

---

① 成为沪港通前十大买入股的天数除以沪港通年度总交易天数。

续表

行业	样本量	Pref Day
食品、饮料（C0）	39	0.020
纺织、服装、皮毛（C1）	14	0.001
木材、家具（C2）	6	0.000
造纸、印刷（C3）	8	0.001
石油、化学、塑胶、塑料（C4）	67	0.001
电子（C5）	40	0.003
金属、非金属（C6）	66	0.003
机械、设备、仪表（C7）	160	0.011
医药、生物制品（C8）	66	0.004
其他（C9）	2	0.000
电力、煤气及水的生产和供应业（D）	58	0.004
建筑业（E）	36	0.006
交通运输、仓储业（F）	55	0.014
信息技术业（G）	54	0.006
批发和零售贸易（H）	87	0.000
房地产业（J）	74	0.004
社会服务业（K）	20	0.010
传播与文化产业（L）	18	0.001
综合类（M）	21	0.001
合计	953	0.005

从行业层面来看，样本中机械、设备、仪表类（C7）上市公司占比最高，共计160个公司年度样本，交通运输、仓储业（F）最受境外投资者青睐，平均每只股票成为沪港通前十大买入股的天数占总交易日的比例高达0.014，几乎是均值的2.8倍；社会服务业（K）也是境外投资者的重点关注领域；在制造业中，机械、设备、仪表（C7）最受境外投资者欢迎；采掘业（B）和批发零售贸易（H）被关注天数较少，而木材家具（C2）行业的公司从来没有成为前十大买入股。

二、中国香港地区投资者的持股偏好分析

前期研究指出，资本市场关注是一种极为稀缺的资源（Kahneman，1973）。投资者可能会存在选择或关注的非理性现象，只有显著的信息能突出进而被投资者关注。因此，大部分的投资者只持有自己熟悉的股票（Merton，1987）。公司规模越大，其声誉越大（Diamond，1991），意味着其在产品市场和资本市场中对各利益相关者的影响程度更大，通过信息的传递，更可能被投资者注意到（Kang等，1997；Dahiquist 和 Robertsson，2001；Ferreira 和 Matos，2008）。再者，大规模公司流动性需求高，交易成本较低（Ferreira 和 Matos，2008）。另外，规模较大的上市公司出于声誉的考虑，会有动机和能力构建更完善的治理机制，也会披露更高质量的信息，降低了信息不对称成本，境外投资者信息劣势决定了其对公开信息更为重视（DeFond 等，2011）。因此，规模越大的公司越可能吸引投资者关注。我国的 QFII 制度允许境外合格的机构投资者持有境内上市公司股票，相比未被 QFII 持有的股票，这类已经被外国投资者持有的股票更可能被境外投资者熟知。另外，经证监会批准的 QFII 属于大型的机构投资者，在信息获取能以及技术分析能力等方面处于较领先的地位，其他投资者可能基于分析成本等原因采取追随策略。因此，被 QFII 持股的公司更可能被境外投资者关注。

企业在产品市场上的表现直接决定了公司的盈利状况，进而影响股票市场价值。产品市场份额占比越多，对整个行业的影响就越大。其一，产品市场份额越高，代表企业拥有的客户越多，需要的原材料越多，越可能在供应链上掌握强势的谈判力（Grossman 等，2009），压榨供应商或客户，获取优势价格，形成垄断势力，提高业绩。其二，竞争对手对供应商或客户施加的影响最终影响产品市场份额较小的公司，因此相比小市场份额，较大市场份额的公司不太容易受竞争对手的影响。其三，市场份额较高的公司"触角"更多，传递出的信息也较多，更可能受到投资者关注，由于声誉的存在，也更可能完善治理机制，提高信息披露质量。其四，境外投资者通过持有较高产品市场份额的公司可以主动把握整个行业甚至上下游行业的发展趋势和相关信息，具有信息溢出效应。因此，境外投资者可能倾向于持有较高市场份额的上市公司。

Dahlquist 和 Robertsson（2001）研究发现，境外投资者倾向于持有低股利支付率的公司，认为较高的股利表明上市公司投资机会有限，再者由于资本利得税低于股息税，境外投资者倾向于低股利公司以避免税收缴纳。然而，部分研究提出境外机构投资者具有谨慎性限制，促使其倾向于投资高股利支付率的公司（Allen 等，2000）。崔等（2005）指出，境外投资具有信息劣势，倾向于投资高估值的股票，股票股利却可能降低股票价格，因而上市公司更倾向于支付现金股利以吸引境外投资者。因此，境外投资者的持股偏好可能受到现金股利的影响。

公共信息披露的增加能够减少私有信息的获取成本（Verrecchia，1982；Diamon，1985），这种披露的增加对信息劣势者更有利（Lev，1988）。在国际投资中，及时、准确的会计信息便于投资者进行及时交易，因此，一国的财务报告越能使会计信息与价值的相关性高，海外投资者越倾向于在该国进行投资（Young 和 Guenther，2003）。布拉德肖等（2004）也指出，采用的会计准则与 GAAP 越一致越受到美国投资者青睐，表明了会计信息在投资者中的作用。境外投资者信息处于劣势地位，但具有先进的技术分析能力。具有准公共属性的会计信息为境外投资者提供投资机会，境外投资者可以利用自身占优势的信息分析能力对会计信息进行提取，进而弥补信息不足。鲁兹和沃诺克（2009）研究发现，盈余管理越严重外国投资者持有股份越低。因此，盈余管理程度越高，境外投资者越不可能持有该上市公司。

我国股权结构较为集中，容易存在大股东掏空公司价值的现象（徐建和李维安，2014；覃家琦等，2016），境外投资者处于信息劣势，无法及时制止这种行为，因而一旦投资，可能成为被攫取利益方。再者，控股股东存在时，内部人为获取私利可能刻意隐瞒公司信息，不利于境外投资者及时交易。鲁兹和沃诺克（2009）研究发现，境外投资者的股票投资组合避开了内部人控制较严重的股票，这是因为与当地投资者相比，境外投资者没有及时识别或监督掏空的能力。因此，境外投资者可能倾向于持有第一大股东持股比例较低的上市公司。

为分析沪港通交易中香港地区投资者的持股偏好，本书利用模型对交易天数偏好进行了回归分析。如式（1-1）所示：

$$\text{Pref}_{i,t} = \text{Control}_{i,t-1} + \alpha_1 \text{Size}_{i,t-1} + \alpha_2 \text{QFII}_{i,t} + \alpha_3 \text{MarketShare}_{i,t-1} +$$
$$\alpha_4 \text{Divi}_{i,t-1} + \alpha_5 \text{AbsAM}_{i,t-1} + \alpha_6 \text{FirstShare}_{i,t} + \alpha_7 \text{SOE}_{i,t} + \varepsilon_{i,t} \qquad (1-1)$$

其中，被解释变量衡量境外投资者的持股偏好，由于沪港通交易中，并不完全披露境外投资者的投资组合，但每个交易日披露前十大买入股。因此，本书设计被解释变量衡量投资偏好 Pref Day，简称交易天数偏好。解释变量如表 1-2 所示，另外，为避免行业和年度可能对结果产生的影响，本书控制了行业和年度固定效应。

表 1-2　变量定义

变量		变量定义
被解释变量	Pref Day	成为沪港通前十大买入股的天数除以沪港通年度总交易天数，简称：交易天数偏好
解释变量	Size	资产取对数
	QFII	QFII 持股比例（%）
	Market Share	市场占有率，销售收入占本行业销售份额的比例
	Divi	每股股利
	AbsAM	应计盈余管理 DA 的绝对值①
	First Share	第一大股东持股比例
	SOE	国有企业取值为 1，否则为 0

① 借鉴 Jones（1991）提出的琼斯模型计算应计盈余管理。详见第三章变量定义。

续表

变量		变量定义
控制变量	ROA	资产收益率
	Leverage	资产负债率
	ROAVol	三年内（本年和前两年）资产收益率标准差
	ReturnVol	股价波动性，用一年内股票收益率的标准差衡量
	MToB	总市值除以账面价值

表 1-3 报告了香港地区投资者的持股偏好。其中第（1）列报告了控制变量对香港地区投资者的持股偏好影响。第（2）列加入规模（Size）以及合格境外投资者持股比例（QFII），规模以及合格境外投资者持股比例的系数值均显著为正，表明规模越大，合格境外投资者持股比例越高，成为前十大买入股的次数越多。第（3）列加入市场份额（Market Share），市场份额系数在 1% 水平上显著为正，表明香港地区投资者倾向于买入市场份额较高的上市公司。第（4）列中加入每股股利（Divi），每股股利系数在 1% 水平上显著为正，说明每股股利越高，香港地区投资者越倾向于买入。第（5）列加入应计盈余管理程度（AbsAM），应计盈余管理系数为负，t 值为 -1.60，接近 10% 统计意义上的显著性，也一定程度上表明香港地区投资者倾向于持有应计盈余管理程度较低的上市公司。第（6）列加入第一大股东持股比例（First Share）和股权性质（SOE），其中第一大股东持股比例系数在 1% 水平上显著为负，表明香港地区投资者倾向于持有第一大股东持股比例较低的上市公司。股权性质系数不显著，表明香港地区投资者的持股并无股权性质的偏好。

表 1-3　香港地区投资者的持股偏好分析

模型	(1)	(2)	(3)	(4)	(5)	(6)
ROA	0.183 ***	0.123 ***	0.120 ***	0.023	0.025	0.027
	(4.09)	(3.57)	(3.56)	(0.74)	(0.83)	(0.90)
Leverage	0.010 *	-0.022 ***	-0.018 ***	-0.020 ***	-0.020 ***	-0.023 ***
	(1.69)	(-3.31)	(-2.77)	(-3.05)	(-3.04)	(-3.67)
ROAVol	-0.117 ***	-0.062 **	-0.048 *	-0.020	-0.009	-0.006
	(-3.64)	(-2.14)	(-1.75)	(-0.72)	(-0.32)	(-0.20)
ReturnVol	-0.782 ***	-0.380 **	-0.391 **	-0.290 *	-0.277 *	-0.256
	(-3.48)	(-2.03)	(-2.11)	(-1.74)	(-1.67)	(-1.56)

续表

模型	(1)	(2)	(3)	(4)	(5)	(6)
MToB	0.000	0.003***	0.002***	0.002***	0.002***	0.002***
	(0.93)	(5.75)	(5.31)	(5.32)	(5.39)	(5.50)
Size		0.012***	0.009***	0.008***	0.008***	0.009***
		(6.03)	(5.05)	(4.65)	(4.66)	(4.98)
QFII		0.011**	0.011**	0.010**	0.010**	0.011**
		(2.14)	(2.13)	(2.08)	(2.12)	(2.20)
Market Share			0.216***	0.208***	0.206***	0.214***
			(2.74)	(2.98)	(2.94)	(3.06)
Divi				0.037***	0.037***	0.038***
				(3.17)	(3.11)	(3.20)
AbsAM					−0.016	−0.016
					(−1.60)	(−1.60)
First Share						−0.021***
						(−3.62)
SOE						−0.000
						(−0.13)
Constant	0.183***	0.123***	0.120***	−0.170***	−0.172***	−0.191***
	(4.09)	(3.57)	(3.56)	(−4.40)	(−4.43)	(−4.68)
Ind & Year	控制	控制	控制	控制	控制	控制
Observations	953	953	953	953	953	953
R − squared	0.112	0.252	0.277	0.306	0.307	0.320
F	1.884	2.638	2.661	2.699	2.595	2.464

注：括号内为 t 值，***、**、*分别表示在1%、5%、10%水平上显著。

第二章　文献回顾

第一节　资本账户开放文献回顾

根据国际货币基金组织的定义，资本账户包括直接投资、间接投资和其他投资，其中直接投资属于为获得长期利益向不属于本经济体内的企业进行的投资，最直接的表现形式为FDI，间接投资包括通过股票、债券以及其他金融衍生工具进行的投资。因此，资本账户开放包括股票市场开放，部分国内外学者围绕资本账户开放的经济后果展开了研究，并未在其中区分股票市场开放。为更全面地了解股票市场开放对一国经济以及上市公司产生的影响，本节探究了资本账户开放的经济后果。

一、资本账户开放与经济增长

前期研究提出资本账户开放通过引入境外资金缓解了境内融资约束，增加了投资。不仅如此，资本账户开放可以通过境外投资者参与境内市场分散投资风险，降低融资成本。进一步地，资本账户开放对融资约束、投资以及融资成本的影响可能影响国家宏观经济增长。然而，也有部分学者指出资本市场开放必须结合当地经济条件进而影响宏观经济增长。另外，部分学者指出资本账户开放牵一发而动全身，反而可能由于经济波动导致经济增长的降低。基于此，本节首先对资本市场开放影响经济增长的要素进行分析，主要包括融资约束、投资、风险分散、融资成本。其次分析其对经济增长的影响。

（一）资本账户开放与经济增长要素

1. 资本账户开放缓解融资约束

克里斯蒂（2003）分析了13个发展中国家的金融自由化改革与融资约束的

关系，提出金融自由化避免了利率管制，允许外资银行的进入，但并未减小公司的融资约束，现金流敏感性依然存在。然而，这种关系受公司规模大小的影响，小规模公司融资约束程度降低，大规模公司融资约束反而提高，之所以产生该结果是因为大规模公司在金融自由化前接受银行信贷的便利导致。克里斯蒂和袁（2009）从行业层面考察股票市场开放对行业发展的影响。结果发现，由于股票市场开放降低了融资约束对企业的影响，股票市场开放对依赖外部资本的行业以及高成长机会的行业更有利，然而这种提高主要源于现有企业的扩张而非新企业的建立，这一结果即使在依赖外部资本的行业或高成长机会的行业依然存在，这可能与行业进入障碍有关。

2. 资本账户开放降低资本成本、分散风险

Stulz（1995）指出，资本账户开放导致资本成本降低的原因有两个：其一，资本账户开放降低了投资者要求的风险补偿；其二，资本账户开放降低了代理成本。Bekaert 和 Harvey（2000）研究了新兴市场中资本账户开放对资本成本的影响，发现新兴市场的开放引入了境外投资，降低了资本成本，并指出境外投资者在新兴资本市场中扮演着重要角色。一方面，新兴资本市场流动性差，股价操纵严重，由于各种交易关系的存在，国内投资者的监督远远不足；另一方面，新兴资本市场通过开放引入境外投资，由于新兴市场国家的经济与全球市场的关联度不强，反而便于新兴市场在资本账户开放后通过风险分散来降低资本成本。Bhamra（2009）提出，尽管资本账户部分开放不能完全分散风险，但资本成本降低效应高于完全分散风险的资本市场全部开放。资本账户部分开放环境下无风险利率和风险溢价的降低可以解释该现象。

何孝星和余军（2008）利用我国 QFII 开放研究发现，资本市场开放导致的风险承担提高了我国上市公司的投资价值。然而，这种作用随着研究时间的增加而减弱。岩田聪和吴（2009）调查了资本账户开放后，宏观经济风险被分散的类型。结果发现，外生性的财务市场风险被分散了，而通胀或货币政策风险不易被分散。Elsayed 和 Perros（2012）指出，跨境整合提高了银行的风险分散，有利于银行抵御异质性风险，导致了银行借款的专业化增加，同时提高了系统性的风险传染。

3. 资本账户开放增加投资

亨利（2000）以 11 个国家的样本研究发现，在股票市场开放化当年，9 个国家私人投资增加，第二年 10 个国家私人投资增加，第三年 8 个国家私人投资增加。原因在于，股票市场开放后，资本成本降低，导致原来低于资本成本的项目在资本成本降低后净现金流为正，投资产生收益。股票市场开放导致私人投资暂时增加。加林多（2005）利用 12 个发展中国家的面板数据调查资本账户开放

对投资效率的影响，提出资本账户开放提高投资效率，该结果非常稳健，并且官方监督力度越强，法律体系属于英美法系，资本市场账户对投资效率的提高越显著。Demir（2009）以阿根廷、土耳其和墨西哥三个新兴市场国家的数据发现资本账户开放后，相比长期固定资产投资，企业倾向于选择短期可撤销的金融类投资。

（二）资本账户开放与经济增长的关系

前期研究提出资本账户开放能够缓解融资约束、降低资本成本、分散风险，促进投资，这些影响经济增长的要素能否提高经济增长呢？前期研究并未得出统一的结论。

1. 资本账户开放促进经济增长

资本账户开放可能通过降低资本成本、提高生产率等方面促进经济增长。Bekaert 等（2000）指出资本账户开放后，风险承担降低资本成本，投资提高、财务限制降低、公司治理提高。具体而言，资本账户开放导致 GDP 增长 1 个百分点，控制了宏观环境、金融危机、法制环境等变量后，结果依然存在。在更好的法制环境或更好的外部投资者保护环境下，资本账户开放对经济增长的正向影响程度更大。加林多（2002）通过分析金融市场开放是否降低企业融资成本进而提高经济增长时，用 27 个国家的数据研究发现，市场开放对需要外部融资的部分贡献的增长更多，证明了金融市场开放可降低融资成本提高经济增长的逻辑。Bekaert 等（2007）在调查国家经济发展机会时指出，国家经济发展机会与经济增长的关系在资本账户开放和资本市场开放的国家更为显著，并且资本市场开放对经济的影响显著高于资本市场发展水平以及投资者保护环境等对经济的影响。Bekaert 等（2010）考察了资本市场开放对要素生产率的影响，把资本增长拆分为要素生产率的提高和投资的增加，发现资本市场开放通过提高资源的分配提高了要素生产率。进一步分析发现，资本市场发达或机构投资者质量高的国家经济增长更快。资本市场开放对经济增长的影响超过全球性金融危机的影响。

2. 资本账户开放对经济增长的影响依赖一定的环境条件

Klein 和 Olivei（2008）提出，资本账户开放的国家金融发展速度更快，经济增长也更快，然而该结果主要在发达国家存在，表明资本账户开放对金融市场的发展需要健全的制度环境，发展中国家需要针对资本账户开放制定特殊的政策以保证宏观环境的健全。艾肯格林等（2011）的研究也发现，资本账户开放后，依赖金融的行业增长快速，然而金融危机期间，资本账户开放的正向效应消失，并且这种对经济发展的正向作用只存在于金融体系健全、会计准则严格、投资者保护好的国家或地区。克莱茵（2003）指出，资本账户开放对经济增长的作用是否受人均收入的影响时发现两者呈倒"U"形关系。即资本账户开放的作用对人均收入中等国家的收益更大。然而，贫穷或富裕国家的资本市场开放都不能促进经济增长。同时，该文还发现资本账户开放对经济增长的作用也与治理质量呈倒"U"形关系。高和王（2008）利用 11 个中东地区 1979～2005 年的数据研究发现，股票市场开放对经济增长和投资提高无关，短期内不利于股票市场的发展，长期有利于股票市场的发展，然而当该文控制了资本市场开放的前提条件后，发现股票市场开放短期内促进了股票市场的发展，更少的政府干预和不完全的资本市场开放对股票市场开放经济增长效应更大。Gupta 和 Yuan（2009）从行业层面考察股票市场开放对行业发展的影响，发现由于股票市场开放降低了财务限制对企业的影响，股票市场开放对依赖外部资本的行业以及高成长机会的行业更有利，然而这种提高主要源于现有企业的扩张而非新企业的建立，这一结果即使在依赖外部资本的行业或高成长机会的行业依然存在，这可能与行业进入障碍有关。Kose 等（2011）提出，资本账户开放与经济增长的关系受门槛的影响，这些门槛包括国内金融市场的发展、机构投资者的质量、贸易开放度、劳动力市场的弹性。然而，境外直接投资和境外股票市场投资对这些门槛的敏感性弱于债务市场。

3. 资本账户开放降低或不影响经济增长

部分学者提出资本账户可能由于提高了风险，最终不利于经济增长。Obstfeld（1998）讨论了资本账户开放的利弊，发现一方面资本账户开放可以分散风险；另一方面资本账户开放给政府施加压力，如果过量政府借款可能导致资本外逃。然而，由于交易成本等原因，资本账户开放并不能大量吸引境外投资，最终导致得不偿失。Stiglitz 和 Joseph（2000）分析资本账户开放对经济的影响时提出，资本市场短期内带来的资金不可能推动公司进行长期投资，同时资本账户开放导致经济波动性提高，经济波动的逆向选择降低了经济增长。Levine 和 Zervos（1998）利用 49 个国家 1976～1993 年的数据调查股市、债市与经济增长的关系时指出，股票市场开放并不能促进经济的增长、资本的积累、生产率的提高以及私有投资的增加。斯图斯（2005）从代理问题角度解释资本市场开放对经济影响微弱的原因。除英美外，上市公司股权较为集中，公司存在被内部人投资者或政府侵占利益的风险，为避免该风险，公司股权结构较为集中，以将控制权掌控在手中，然而集中的股权限制了资本市场开放的影响程度。加姆拉（2009）分析了 6 个东亚新兴市场国家 1980～2002 年的资本账户开放对经济增长的影响，发现资本账户开放对经济增长的效应较弱，资本账户开放反而导致负向经济增长或不影响经济增长。

二、资本账户开放与经济波动性

资本账户开放后，国内资本市场置身于国际经济的浪潮中，可能受到境外市场的影响导致较高的经济波动性，但也有部分研究提出资本账户开放后经济波动性降低或者经济波动性的变化依赖一定制度环境。因此，下面分三部分总结资本账户开放对经济波动性的影响。

（一）资本账户开放提高经济波动性

Kaminsky 等（1999）研究金融危机时发现，股票市场开放导致金融体系脆弱进而引发金融危机。Stiglitz（1999）指出，在信息风险较高的国家，仅依靠资本充足率保证金融体系的稳定是不可靠的。然而，Daniel 和 Janes（2007）指出，即使银行系统设计良好，金融自由化仍会导致银行危机。

Stiglitz 和 Joseph（2000）分析股票市场开放对经济的影响时提出，股票市场短期内带来的资金不可能推动公司进行长期投资，同时股票市场导致经济波动性提高。王益和齐亮（2003）对比了美国、英国、日本、韩国、泰国、阿根廷以及中国台湾的资本市场开放对宏观经济的影响，发现资本市场开放后，美国 GDP 增长正向且稳定，英国、日本、韩国和中国台湾地区的 GDP 增长较为平稳，但泰国和阿根廷经济波动性较大，韩国和中国台湾地区证券化率较低。进一步分析提出，开放前宏观经济的稳定性以及资本市场规模的大小是决定开放积极影响的重要原因。而我国在 2003 年还不具备资本市场开放的条件。杰米尔（2004）提出，金融自由并不是包治百病的良药，国内政策失败或政府"寻租"行为反而导致金融自由风险效应，损害长期经济的发展。李巍和张志超（2008）探讨不同类型资本账户开放时指出非 FDI 的开放导致经济不稳定。这种不稳定主要由非 FDI 导致的货币量增加进而导致通货膨胀或与全球经济紧密关联解释。李巍（2008）探讨发现资本账户开放降低金融稳定程度，这种现象在发展中国家更为显著。

（二）资本账户开放不影响或降低波动性

金和新加乐（2000）提出，国际资金的流动可能导致经济对资金流动敏感性提高，加速经济波动。另外，如果海外市场价格波动剧烈，国内也不能幸免。因此，他们分析了股票市场开放对股价波动、汇率以及通货膨胀率的影响。然而，结果却发现，股票市场开放后，回报率提高，但随后降低，股价并无明显的波动，股票市场更有效率。通货膨胀率和汇率并无明显变化。不仅如此，资本账户开放并未给经济带来大幅增长。乌姆鲁特等（2000）发现资本账户开放后，股票回报率波动性降低，这种结果在小规模和中等规模公司中更为显著。表明资本账户开放后，更多投资者的参与提高了信息准确度，降低了波动性。

（三）资本账户开放与经济波动性关系不确定

熊衍飞等（2015）综合考虑 FDI 和资产投资组合对经济的影响时发现，资本账户开放降低了 OECD 国家的经济波动，提高了新兴市场国家人均 GDP 增长率的波动，这可能与新兴市场国家的金融市场不发达以及政府投资的狂热有关。黄志刚和郭桂霞（2016）提出，在利率市场化前提下，推进资本账户开放有助于保持宏观经济稳定，而资本账户开放先于利率市场化会带来宏观经济的不稳定。

三、资本账户开放与公司治理

资本账户开放通过监督和市场压力降低代理成本，由于降低了信息不对称程度，上市公司市场价值提高。进一步地，上市公司的治理环境可能影响资本账户开放后的效果。

（一）资本账户开放降低代理成本

斯图斯（1995）提出资本账户开放降低代理成本的原因如下：首先，开放后海外投资增加，海外投资者的技术、监督等能力较强，能够实施更好的监督。其次，全球性的融资渠道避免了融资中资金供给方的"寻租"行为，减少交易成本。再次，资本市场开放使公司被并购的可能性增多，管理层市场竞争压力增加，代理成本降低。最后，资本市场开放给企业提供了更好的融资和技术，促使公司更好地进行风险管理。

蓓等（2006）指出，随着股票市场的开放分析师跟踪人数增加，盈余管理的强度降低。盈余信息的变化可以由海外分析师跟随的人数以及分析量的增加来解释。在韩国，公司治理越弱，这种效果越不显著。股票市场开放可以给市场参与者增加压力，促使其采用更高的法制环境以及披露标准要求，促使本国上市公司提高披露质量以吸引海外投资者。由于开放，更多的分析师、承销商等中介机构将精力关注在本土市场，提高了信息解读，这也促使本土公司进行高质量信息披露。

米顿（2006）利用来自28个国家的1100个公司样本发现，股票市场开放不仅给企业提供了新的融资渠道，导致企业成长性和投资机会增加。进一步地，股票市场开放后，资本成本降低，上市公司债务融资比例降低，负债率降低。另外，提高的监督导致公司治理加强，上市公司的收益和效率增加。

（二）资本账户开放提高公司价值

亨利（2000）调查了12个新兴国家或地区资本账户开放的市场反应，结果发现宣布开放导致开放国家或地区股价指数获取约3.3%的超额收益。表明市场认为资本账户开放能够降低资本成本，分散风险。高希等（2008）利用印度宣布外资持有银行股发现，宣告该消息三天的累计异常收益是16%，私有银行的累计异常收益高达32%，进一步分析发现更可能被并购的银行异常收益率更高，表明市场识别出开放外资可能引发的并购从而给管理层施加压力。说明资本市场开放通过施加并购压力降低代理成本。何孝星和余军（2008）利用我国QFII开放研究发现，资本市场开放导致的风险承担提高了我国上市公司投资价值。然而，这种作用随着持有期间增加而减弱。

（三）公司治理影响资本账户开放效果

蓓和戈亚尔（2010）以韩国上市公司为样本，研究公司治理对资本市场开放效果的影响，发现股票市场开放效果对于治理较好的公司影响显著，具体而言，宣布资本市场开放后，非家族治理的公司比家族治理公司超出10%的异常回报，股利支付率公司比非股利支付率公司超出9%的异常回报，第一大股东持股比例高的公司，回报率较低。进一步分析发现，治理好的公司吸引了更多境外投资者的关注。此外，还发现更多境外投资者投资的公司以及非家族成员公司在资本市场开放后的物质资本累积率更高，表明公司治理可以解释资本市场开放对于不同公司造成的差异。

第二节　境外投资者持股文献回顾

国内外学者围绕境外投资者持股的影响因素及其经济后果展开研究。影响因素方面主要分析了投资者的本地偏好、IFRS实施对境外投资者持股的影响以及其他影响境外投资者持股的公司特征。在经济后果方面，主要探讨了境外投资者持股的监督作用、信息处理能力以及其他经济后果。

一、境外投资者持股影响因素

首先，由于信息不对称，投资者倾向于持有本地上市公司的股票。其次，会计信息能够降低投资者与上市公司的信息不对称程度，进而影响境外投资者持股比例。再次，上市公司的股权结构和治理机制能够在一定程度上保护小股东利益，进而可能影响境外投资者持股决策。最后，投资者倾向于持有关注到的股票，而规模等特征影响上市公司受到的关注。

（一）投资者的本地偏好

信息劣势或习惯偏好可能影响投资者的本地偏好。弗伦奇和波特伯（1991）首次提出，投资者选择投资组合时倾向于选择本地上市公司。斯图斯（1995）指出，本地偏好影响上市公司价值和资本成本。侯和哈拉尔德（2001）利用德国数据分析发现，与德国外的德语区相比，非德语区的投资者回报率较低。金融中心城市法兰克福附近的投资者以及规模较大的投资者并无信息优势，然而离总部越近，收益率越高。阿赫恩等（2000）提出，由于信息不对称美国公司倾向于少持有境外公司股票。然而在美国交叉上市的公司，美国投资者可能持有该公司股票。德沃夏克（2005）利用印度尼西亚的数据分析发现，国内投资者的收益率比国外投资者的收益率高。全球性的证券公司比本地证券公司能获取长期收益率，表明当地券商具有短暂信息优势，但是全球性的券商能够挑选带来长期收益率的股票。另外，全球性券商的国内客户比外国客户收益率高，表明本地信息优势和全球经验结合能够获取高收益。陈等（2007）指出，本地偏好过多会降低公司价值。当本地和境内投资者持有某股票的比重与境外不一致时，价值降低，表明境外投资者的风险承担能够降低资本成本，增加公司价值。贝尼什和尤恩（2008）研究提出，IFRS 应用并不能减少本地偏好。鲍伊克等（2010）提出，本地机构投资者具有信息优势，收益率较高，这种关系在信息不对称程度较高时更显著。马菲特（2012）研究公司不透明度和机构投资者之间的知情交易时发现，境外投资者相比国内投资者的交易程度要小，表明投资者具有本土偏好。奥布莱恩和谭（2015）利用发行的上市公司发现分析师倾向于跟随本地上市的公司，跟随后倾向于发布更新的分析师报告，这种效果对小公司、可视性较差的公司更为显著。崔等（2017）提出，投资者的投资具有本土偏好，很少偏好海外股票。一方面可能是行为偏好，另一方面可能是基于信息优势。发现投资者的集中投资组合增加了风险回报率，表明投资者基于信息优势选择集中投资股票。

（二）会计准则对境外投资者持股的影响

会计准则能够影响信息处理成本进而影响境外投资者持股。阿什博和平卡斯（2001）指出，应用 IAS 后分析师跟随增加。杨和根瑟（2003）指出，由于及时、准确的会计信息便于投资者进行即时交易，一国财务报告的会计信息与价值的相关性越高，海外投资者越倾向于在该国进行投资。该文利用 23 个国家的数据分析发现，会计信息的价值相关性提高了海外投资者的投资比重。布拉德肖（2004）提出，对 GAAP 遵从度较高的公司，美国投资者较多。这种结果不受公司可视性如规模、分析师跟随等的影响，但是美国投资者相对熟悉的公司，遵从度与美国投资者持股之间的正相关关系更显著。科维里等（2007）提出，母国自愿运用 IAS 提高了外国共同基金对该国股票的持有比重。这种现象在信息环境比较弱或公司知名度比较低时更为显著，表明 IAS 的使用降低了外国共同基金对本地偏好的程度，提高了资源分配效率。然而，贝尼什和尤恩（2008）研究却发现 IFRS 应用并不能减少本地偏好。布吕格曼等（2012）用来自 31 个国家 5637 个公司的样本发现，应用 IFRS 后，境外个人投资者持有更多股票，这种效果在受媒体关注的公司中更为显著。表明 IFRS 提高了海外个体投资者的投资，然而由于个体投资者关注有限，这种提高对于收获关注的公司更为显著。德丰等（2011）提出，会计信息可比性吸引外国投资者。文章发现执行特别强的欧盟国家中，2005 年欧盟强制使用 IFRS 后的外国共同基金持有欧盟股票增加，其途径之一是使用 IFRS 后会计一致性增加。库拉纳和米查斯（2011）指出，应用 IFRS 后美国投资者的本土偏好降低，尤其是对于原来会计准则与 IFRS 不同的国家以及要求会计信息披露高质量的国家。紫磨和戈登（2011）提出，应用 IFRS 并且执法严格的国家，美国持有股份增多，表明会计准则并不能替代法制环境。于和瓦希德（2014）指出，应用 IFRS 提高了境外投资者的投资比重，降低了国内投资者的投资比重。该国本来的会计准则与 IFRS 的差别越大，海外投资者比重提高越多。表明应用 IFRS 直接降低了境外投资者的信息处理成本。对于会计准则与 IFRS 相同的两个国家而言，与境外投资者的距离越远或与境外投资者之间电话联系越少，境外投资者比重提高越多。表明 IFRS 的应用间接降低了地理距离导致的跨境投资成本。

（三）股权结构、公司治理与境外投资者持股

集中的股权结构不利于境外投资者持股。达尔奎斯特和罗伯逊（2001）指出，境外投资者倾向于大规模、低股利以及现金留存较高的股票。境外投资者对存在主要控制权的公司投资较低。公司治理降低了信息不对称程度，提高了境外投资者持股比例。阿加瓦尔等（2005）提出，美国共同基金倾向于投资开放、投资者保护程度高、法制环境好、会计政策严格的市场。公司层面上，美国投资者喜欢投资大规模、成长性高以及分析师跟随多以及信息透明的公司。詹内蒂等（2006）指出，无论是境外还是国内投资者都倾向于选择治理较好的公司进行投资，然而与公司内部人有关联的投资者倾向于选择公司治理程度较弱的股票进行投资。投资者关注公司治理的原因有两个：公司治理能够影响公司价值的分配，可能存在部分股东利用私有信息攫取公司价值的情况。投资者选择投资组合时不仅考虑公司风险和回报，还会考虑公司影响回报率的因素，诸如成长前景以及对公司经营模式的熟悉程度等，而公司治理影响这些因素。弗雷拉和马托斯（2008）提出，机构投资者喜欢大规模以及治理结构较好的公司，境外机构投资者尤其喜欢交叉上市的公司、摩根斯坦利国际资本指数成分股的公司以及境外销售和更多分析师跟随的公司。更多被境外机构投资者持有的公司价值较好，运营业绩好，资本支出较低。鲁兹和沃诺克（2009）提出，外国投资者愿意投资公司治理较好的公司，信息环境可以解释该现象。盈余管理越严重，境外投资者持有股份越低。李蕾和韩立岩（2014）提出，QFII 持股比例较低，没有动机积极参与公司治理提高公司业绩，因此 QFII 持股的公司业绩高仅是因为 QFII 倾向于选择业绩较好的公司进行投资。另外，国内机构投资者因为持股比例高，反而能够对公司进行监督进而创造价值。基兰和斯塔克斯（2003）指出，上市公司完善的公司治理机制能够吸引外国资本，另外也提高了外国股权。

（四）其他影响境外投资者持股的因素

Merton（1987）早在投资者关注理论中便提到投资者只投资自己了解的股票。范和维尔德坎普（2009）也提出投资者倾向于投资其他投资者所没有信息的公司。康等（1997）指出，外国投资者倾向于持有制造业、大规模、会计业绩好、低系统性风险以及低负债率的股票。控制规模后发现，小规模出口公司更受外国投资者青睐。杜马等（2006）提出，境外机构投资者具有监督能力，但并不长期持有一个公司的股票，这类投资者更关注短期业绩。海外战略投资者长期持有股票，给予公司技术、管理经验等层面的支持。通过区分这两类投资，结果发现境外投资对公司业绩的影响主要由海外战略投资者解释。科维里等（2006）指出，境外投资者倾向于投资总市值较大、换手率较高、世界知名、出口、分析师跟随以及指数样本股的公司。黄和秀（2009）指出，境外机构投资者相比本土投资者更关注长期业绩，因此其投资的公司业绩较好，研发费用较高。境外机构投资者比本土投资者具有更好的技术、财务、人力资本以及声誉等资源。

陈等（2011）利用韩国数据发现外国投资者倾向于投资高股利分红的公司，当公司存在境外投资者时，公司更会进行高分红，因为外资主要是机构投资者，有股利追随者效应和监督效应。然而，外资并不喜欢进行股票回购的公司，也不会要求公司进行股票回购。国内机构投资者却不会要求公司进行高分红。

孙立和林丽（2006）提出，QFII 资产配置方面倾向于传统优势行业、新兴优势行业以及第三产业等。我国劳动力资源优势使跨国公司不断将其产品生产基地挪向中国内地，使中国日益成为世界工厂，在这一背景下制造业的行业优势显而易见。另外，QFII 对股票流动性、公司规模、业绩稳定、分红派现的能力要求较高，对业绩稳定的要求较高。刘成彦等（2007）指出，QFII 具有明显的"羊群行为"，特别是股改之后。首先，QFII 具有相同或类似投资理念，如更关注基本面、喜爱大盘蓝筹股、重视投资的稳定性和安全性、重点行业的选择以及国际视野等。其次，外资研究或调研范围有限，相较于国内机构投资者具有的调研能力或人脉关系，外资收集信息的渠道较为单一，由于获取内幕信息或上市公司选择性披露信息的能力较弱，其投资选择必然更集中在信息披露规范的公司中，导致外资投资趋同。段云和李菲（2014）研究 QFII 投资与公司社会责任的关系。利用 2007 年 1 月至 2012 年 6 月的半年度数据发现，上市公司对员工和政府方面负担的社会责任越多，QFII 持股比例越高，这种现象并不因为公司的股权性质有差异，而上市公司对供应商和投资者负担的社会责任并未吸引 QFII 投资。进一步分析发现，QFII 的选股偏好会考虑股票的市净率，市净率较低时，QFII 选股考虑公司政府层面的社会责任表现，而在市净率较高时，QFII 选股考虑公司员工层面的社会责任表现。

二、境外投资者持股经济后果

境外投资者可以通过干预上市公司提高监督水平，进而影响上市公司价值、跨境并购、会计质量等。同时，全球性的交易经验导致境外投资者的信息处理能力较强。

（一）境外投资者的监督作用

基兰和斯塔克斯（2003）提出，一方面上市公司通过提高公司治理吸引外国资本，另一方面提高了的境外股权可以通过境外投资者直接干预提高公司治理水平。拜克等（2004）指出，由于监督机制的不同，韩国金融危机期间，由境外投资者持有的股票价值低于财阀以及国内投资者持有的股票。陈等（2005）提出，境外投资降低公司资本成本、提高公司价值。阿加瓦尔等（2011）指出，国际投资越多，治理机制越好。境外机构投资者尤其是来自投资者保护好的国家对促进公司治理机制有重要作用。被较多的机构投资者持有的公司更可能解雇业绩差的CEO，以提高公司价值。查霍希里亚等（2012）提出，当地机构投资者更好地监督导致上市公司更少的期权日期回溯、更少的盈余管理、更少的诉讼以及有限的CEO薪酬。金等（2016）对比了境外机构投资者与本地机构投资者的监督能力，发现本地机构投资者的信息优势便于监督和降低盈余管理。另外，境外机构投资者更独立，因为他们与国内公司没有投资外关联，不太可能受政府压力影响。境外投资者全球化经验丰富，能够进行更好的监督。不仅如此，外国投资者拥有更好的监督技巧以及先进的沟通和分析工具。

另外，境外投资者也可以改善信息处理环境。金和易（2015）提出，境外投资者交易导致更多分析师及信息生成，鼓励公司披露更多信息。新兴市场中的境外投资者主要是混合基金或年金，这些投资者比个人投资者更具有交易经验，获取信息方面也具有规模优势，能够更好地分析公开信息。

（二）境外投资者的信息处理能力

格林布拉特和克洛哈尔朱（2000）指出，在芬兰，境外投资者的表现比本土投资者好。克里斯托弗森和萨基森（2009）提出，美国市场中心的共同基金公司具有更好的学习能力导致业绩较高。弗雷拉等（2010）提出，境外机构投资者在跨境并购中起作用。跨境并购成功率提高，并且这种作用在弱的制度环境下更为显著。说明外国机构投资者通过提高内部控制，减少了并购方与被并购方的交易成本，降低了信息不对称程度。而制度环境与机构投资者作用相互替代。邓川和孙金金（2014）提出，QFII能够低成本获取上市公司信息，其信息分析能力强于其他投资者。另外，QFII有动机和能力参与公司治理。从信号效应来看，QFII倾向于选择公司治理良好和财务状况较佳的公司进行投资，因此QFII持股的公司传递出公司治理和财务质量较高的信息，便于上市公司进行融资，降低融资约束。另外，由于我国的计划经济体系，国有企业更容易获取贷款，因此其融资约束较低，而民营企业受到信贷歧视的可能性大，故而被 QFII 持股传递的信号和实际的治理效应可能容易缓解民营企业的融资约束。

（三）其他境外投资者持股的经济后果

崔等（1998）指出，韩国经济危机前，海外投资者的正反馈交易策略和"羊群效应"显著存在，这两种现象在金融危机期间消失。表明海外投资者并未使韩国股票市场不稳定。查里和亨利（2004）以股票市场开放作为外生事件探究风险承担与资产定价的关系时提到股票市场开放提高了风险承担。易玄等（2016）提出，QFII 缺乏地理信息优势，其外来者身份对会计信息的解读也存在成本，而高质量的审计师可以帮助 QFII 降低信息分析成本，并且声誉较高的四大事务所更容易受到 QFII 的信任，因此 QFII 持股的公司更可能被国际四大事务所审计。新会计准则的实施实现了我国会计准则与 IFRS 实质上的趋同，降低了QFII 对信息的解读障碍。因此，新会计准则实施后，QFII 持股公司被四大事务所审计的可能性降低了。

第三节 境外上市文献回顾

公司选择赴境外上市从而被境外投资者持有属于资本市场开放的一种，然而与允许境外投资者持股国内上市公司不同，境外上市公司绑定了境外资本市场的制度环境。因此，本节重点分析境外上市的相关文献。国内外学者围绕境外上市的影响因素及其经济后果展开研究，其中境外上市的影响因素方面主要是上市目的地特征以及上市公司特征。境外上市的经济后果主要体现为通过制度绑定来降低代理成本。

一、境外上市影响因素

（一）上市目的地影响境外上市

帕加诺等（2002）提出，1986～1997 年欧洲公司去美国上市开始增加，美国公司赴欧洲上市开始减少，去美国上市的欧洲公司是大规模公司，上市后提高了海外销售比重，在美国上市后进入高科技行业。在欧洲上市的公司业绩较好，成长性较低，上市后负债比例提高，也并不依赖海外出口，并不属于高新技术企业。因此，美国交易所吸引成长性、高科技，并且需要海外出口的企业。萨基森和席尔（2004）提出，地理位置、文化、行业因素均决定了海外上市目的地。

田素华和何仁科（2002）分析了境外上市公司在国内融资的动机、可行性及障碍。境外上市回归 A 股市场的动机在于 A 股市场融资成本较低，而 H 股长期低迷，同时回归 A 股还能规范 A 股市场上其他上市公司。回归 A 股的可行性在于境内上市能够打开国内市场知名度，其在海外市场上市传出的高质量信号便于投资者投资，国内政策层面给予支持，国内证券市场的容纳能力提高。当然了也存在部分境外上市公司规模小、其投资项目可能与国内证券市场要求不一致等障碍。丁岚和董秀良（2010）分析了境外上市公司回归 A 股的表层及深层次原因，结果发现表层原因有三个：大陆较高的发行溢价导致资本成本较低；与海外相比，境内便于再融资；交叉上市公司多属于国内大型优质企业，为保证大陆股市的健康稳定，政府鼓励回归 A 股。上市公司内部人为获取私利进行过度融资是回归 A 股的深层次原因。

Doidge 等（2010）指出，2007 年 3 月 21 日实施的 12h－6 交易所法案方便了在美上市的外国公司撤销注册登记，部分上市公司选择撤销登记，该文试图研究撤销登记的原因。一方面，在美上市虽然为成长提供了资金，但需要遵循美国的制度，降低了控制人攫取私有收益的能力，因此，当成长机会较低或不需要外在成长机会时，上市公司选择撤销登记。另一方面，2002 年萨班斯法案的颁布提高了遵循成本，因此遵循成本较高的企业选择了撤销登记。

（二）上市公司本身特征影响境外上市

王文立（1995）提出，境外上市国有公司与海外股份公司有很大的不同，如为了筹集海外资金而改组国有企业会产生不利，因此政府应该使境外上市公司实现责任独立、减小国有股权、安排好干部任免制度并且制定可靠的产业政策，积极消除政府干预。

哈林等（2008）分析不同母国的境外上市公司特点，结果发现境外上市公司距离美国较近、母国资本市场不发达以及投资者保护较差时，股票交易量大。母国来自发达国家的样本中，公司规模越小、波动性越大以及高科技公司，在美交易量越大，然而该现象并不适用于发展中国家。交叉上市当年国内换手率较高，在发达国家中该换手率能够保持，但在新兴市场国家却并未发现当年及未来较高的换手率。对于来自内部人交易较严重国家的上市公司，国内的交易量反而降低。

二、境外上市经济后果

（一）境外上市与信息披露

1. 境外上市传递市场信号

西格尔（2005）提出，虽然在美国上市公司同意遵守美国法律制度，但美国证监会和小股东保护法律并未真正惩罚这类上市公司，利用墨西哥的数据发现自愿性信息披露和分析师跟随建立的声誉机制帮助境外上市公司获取更多外源资金。

2. 境外上市公司存在盈余管理

朗等（2006）对比了在美国上市的境外公司盈余与其他美国上市公司的盈余，结果发现境外上市公司盈余更可能平滑，更可能向预测方向调整盈余，更不及时报告损失。来自投资者保护较弱国家的上市公司有更多的盈余管理，表明SEC的监管作用并不能完全弥补当地制度环境。恩杜比祖（2007）对比了交叉上市公司与美国上市公司，结果发现交叉上市公司在上市后盈余管理更严重，表明制度环境影响交叉上市公司报告的会计数字。最后对比了交叉上市公司与股票在美国流通的本国上市公司，发现两者均存在盈余管理，表明为了跨境融资并不是盈余管理的动机，反而投资者的认知可以解释该现象。陈等（2016）指出，中国公司可以通过反向并购美国壳公司进而实现交叉上市，然而这种方式上市后财务报告质量较低，该文试图分析这一原因，结果发现反向并购上市的公司财务报告质量与美国IPO公司相比，但比中国通过ADR在美国上市的公司低，也比美国反向并购并在美国上市的公司质量低。表明中国这类法制环境较差的国家通过反向并购进行上市的公司财务报告质量低。

3. 境外上市改善信息环境

弗雷萨与萨尔瓦（2010）提出，在美国上市的公司需要遵守SEC的要求、美国法律以及信息披露的准则，因此可能受到更严格的监督，公司治理水平较高，故而持有更多的现金。该文用来自40多个国家1989～2005年的数据发现，投资者认为非交叉上市公司1美元超额现金价值0.58美元，而交叉上市公司1美元超额现金估值1.61美元，而在美国场外交易的公司1美元超额现金估值为1.42美元。表明投资者预期在美国上市公司中控制人获取私有收益较少。费尔南德斯和费雷拉（2008）发现，发达国家的交叉上市提高了股价信息含量，而新型市场的交叉上市反而降低了股价信息含量，新兴市场中交叉上市后分析师跟随的增加提高了广泛的市场信息，而不是公司特有信息可以解释该现象。王化成等（2008）提出，境外上市通过绑定海外更好的制度环境提高了公司治理水平，提高了公司价值。进一步分析指出，公司治理通过优化理财决策提供公司价值。肖珉和沈艺峰（2008）指出，香港地区证券市场投资者保护环境较好，由于在香港地区上市公司遵循当地法制环境，故而这类上市公司更注重对投资者的保护。而较好的投资者保护环境降低了代理成本，进而降低融资成本。因此，该文将1993～2004年29个跨地上市公司返回A股市场上市时的融资成本与仅在A股市场发行股票的上市公司股权融资成本相比，发现交叉上市公司融资成本更低。多伊奇等（2009）利用来自31个国家4000多个样本的数据发现，境外上市提高了公司需要遵循的法律制度、会计准则等，提高了分析师跟随的人数等公司信息环境，导致公司治理水平提高，控制人能够攫取的私有收益降低，因此当私有收益比较大时，控制人不会选择境外交叉上市。崔学刚和徐金亮（2013）提出，境外上市通过绑定海外的制度环境降低了控制人的私利动机，减轻了代理成本，从而降低上市公司成本黏性。该文采用2000～2010年配对的方法证实了该逻辑，进一步分析还发现与中央控股企业相比，地方控股上市公司与非国有上市公司对成本黏性的降低较少。这可能与中央控股企业进行海外上市提高公司治理水平的动机更为强烈有关。伦德霍尔姆等（2014）指出，在美国上市的外国公司相比美国本土公司年报更为简洁，更倾向用数字与美国投资者进行沟通。这种现象在外国公司所在国离美国较远、投资者保护程度较弱、会计准则与美国不同的样本中更为显著。表明在美国上市的外国公司试图以更清晰和精确的披露降低信息不对称程度。李（2014）提出，海外公司在美国证券市场的交易提高了公司的知名度和流动性，然而《萨班斯法案》的颁布给在美国上市的公司带来了制度遵从成本，可能降低了交叉上市的净收益。利用1995～2006年数据分析发现，相比本国的股票，跨境交易的股票在《萨班斯法案》宣布后，异常收益率降低10%，这种效果在治理状况比较强的公司更为显著。长期而言，《萨班斯法案》的颁布增加了交叉上市公司的信息披露成本。

4. 境外上市影响自愿性信息披露

张宗新等（2005）研究上市公司自愿性信息披露行为时指出，上市公司存在外资股的公司自愿性信息披露更多。戈托等（2009）指出，由于管理层选择战略性披露，投资者对于管理层披露的坏消息反而给予正面评价。为了检测该现象，该文用境外上市公司进行分析，由于赴美上市后需要遵守的会计准则以及法律准则严格，自愿性披露动机降低，故而投资者回报率与管理层信息披露的负向关系反而降低。方红星等（2009）探究公司特征与内控信息披露的关系时指出，海外交叉上市的公司需要更多的信息披露来缓解信息不对称问题，因而更倾向自愿披露内控信息。万鹏和曲晓辉（2012）研究代理成本与自愿信息披露时发现，交叉上市公司反而降低了自愿性信息披露，该结论可能与海外证券市场投资者保护程度高，预测性信息的披露可能引发诉讼风险，故而企业避免进行自愿性信息披露有关。

5. 境外上市影响投资股价敏感性

福柯等（2012）提出，利用1989～2006年来自39个国家633个上市公司的数据分析发现，交叉上市公司具有更高的投资股价敏感性。这种现象在交叉上市前并不存在，在交叉上市后却持续存在。进一步分析发现，交叉上市带来的公司治理、信息披露等的提高不能解释该现象，交叉上市增强了管理层根据股价进行信息决策的能力可以解释该现象。

（二）境外上市的公司价值

1. 境外上市提高公司价值

弗斯特和卡洛里（1999）提出，去美国上市的公司在上市前一年的累计异常收益率为 19%，在上市一周内获取了额外 1.2% 的收益率，但是在美国上市后收益率降低了 14%。证实了消除市场分割能够给企业带来正向作用，但消除分割后，该作用消失。同时，也证实了随着投资者的增加回报率降低的假设。多伊奇等（2004）研究发现，交叉上市公司比海外本土上市公司价值高，交叉上市对资本成本的降低不是解释该现象的原因，而去美国交叉上市的公司更能够协调控股股东与小股东的利益冲突才能解释该现象。这些公司能够利用成长机会，被控制人攫取的私有收益较少。多伊奇等（2009）提出，美国交叉上市公司价值较高，而伦敦交叉上市公司并不存在该现象。表明在美国上市可以通过遵循严格的法制环境提高公司治理水平进而获取交叉上市收益。常嵘（2014）提出，跨境上市公司通过更严格的海外制度背景控制大股东利益的攫取，提高信息披露质量，然而我国的跨境上市公司从香港地区回归到 A 股市场后，信息透明度并未显著提高，大股东攫取私利的动机仍然存在，上市公司价值的提高可能是由于投资者认知偏差导致。

2. 境外上市中监管要求的变化影响公司价值

李（2014）指出，海外公司在美国证券市场的交易提高了公司的知名度和流动性，然而《萨班斯法案》的颁布给在美国上市的公司带来制度遵从成本，可能降低了交叉上市的净收益。利用 1995～2006 年数据发现，相比本国的股票，跨境交易的股票在《萨班斯法案》宣布后，异常收益率降低 10%，这种效果在治理状况比较强的公司更为显著。长期而言，《萨班斯法案》的颁布增加了交叉上市公司的信息披露成本。陈和库拉纳（2015）检验了美国证监会取消在美国上市公司年报中的会计调整对市场的影响，结果发现相比不使用 IFRS 的跨境公司、美国上市公司以及交叉上市公司的母国市场，在美国交叉上市并且使用 IFRS 的公司累计异常回报率更高。原因是取消报表的调整节约了成本。

3. 境外上市对产品市场的影响提高公司价值

徐虹（2014）研究交叉上市对我国上市公司产品市场竞争力的影响时指出，我国海外上市公司对 A 股市场的回归动机之一是产品市场战略。因为交叉上市公司在境外制度背景下积累的声誉有利于提高其在国内证券市场中的声誉，提高投资者对其认知的水平进而提高交叉上市公司生产的产品在国内市场的认可度，提高了市场竞争力。

（三）境外上市与财务决策

1. 境外上市降低资本成本，缓解融资约束

里斯和韦斯巴赫（2002）提出，交叉上市后权益再融资增加；投资者保护较弱的国家更容易进行权益再融资。沈红波（2007）提出，跨境上市避免了市场分割，提高了信息披露质量，故而可能降低资本成本。基于此，本书以2004年的358个数据分析发现，"A＋H"股上市公司的资本成本低于"A＋B"股公司的资本成本，而仅发行A股的上市公司资本成本最高。表明制度环境如市场准入和信息披露政策影响上市公司资本成本。林德伯格（2009）提出交叉上市公司资本成本更低，即使《萨班斯法案》通过后，该结果仍然存在。通过OTC进行交叉上市的公司资本成本降低得较小，母国来自法制环境较好的样本中，资本成本也降低得较小。交易所上市公司资本成本的降低是价值提高的原因，然而其他类型的交叉上市公司价值的提高主要归因于成长预期的修订。孔宁宁和闫希（2009）指出，交叉上市能够改善公司治理、提高价值、降低融资成本进而使企业获取更多外源融资，促进公司成长。该文利用1993～2006年交叉上市的公司数据证实了该逻辑，为证监部门的监管提供了理论支持。

2. 境外上市影响股利支付

程子健和张俊瑞（2015）提出，交叉上市通过捆绑先进国家的制度环境提高了公司治理水平，进而使与公司治理互补的股利支付降低。因此，该文验证了交叉上市与股利支付的关系，结果发现交叉上市公司比非交叉上市公司股利支付率较低，国有股权中政府的支持能够弱化交叉上市与股利支付之间的负相关关系。

3. 境外上市与高管辞退

勒尔（2008）提出，交叉上市如果提高了公司治理，那么上市公司高管辞退与低业绩之间的敏感性应该更强，为了检验该现象，该文用来自47个国家，1992～2003年的70976个样本分析发现，交叉上市公司的高管辞退与低业绩敏感性大于非交叉上市样本，国内投资者保护环境越差，这种结果越显著，然而这种结果在通过OTC、私募配售以及伦敦交易所进行交叉上市的样本中并不显著，表明交叉上市通过绑定美国SEC管制以及较好的投资者保护环境提高了公司治理水平。

（四）境外上市与审计决策

西萨拉曼等（2002）提出，较高的诉讼风险可能引致审计师收取较高的审计费用，该文用在美国上市的英国公司与本国公司相比发现，交叉上市公司被收取了更多的审计费用。进一步分析发现，这种审计收费的提高并不能完全由信息披露增加从而对审计师审计成本的增加来解释，交叉上市可能导致的诉讼风险也是解释审计收费的原因。崔等（2009）提出，交叉上市后上市公司需要遵循的法律

环境更严格，提高了审计师的审计风险，故而需要提高审计收费，上市公司母国的环境比跨境选取地所在法律环境越不严格，审计收费越高。然而当两地法制环境相差无几时，审计收费没有显著的变化，表明交叉上市提高审计收费并非源于交叉上市给审计工作带来的复杂性。拉莫罗（2016）分析了 PCAOB 对上市公司的检查对审计质量的关系。PCAOB 有权力进行罚款或禁止个人和事务所审计上市公司，因此对审计师构成动力，促使其谨慎进行审计。为更好地解决内生性问题，该文选取了在美国交叉上市公司进行研究，部分国家不允许 PCAOB 进行检查，部分国家允许，因此为本研究提供了实验组和对照组，结果发现 PCAOB 检查后的审计师审计的公司更可能出具持续经营审计意见，更可能报告实质性缺陷，更少进行盈余管理。证实了 PCAOB 检查的有效性。

（五）境外上市与分析师行为

贝克等（2002）提出，在纽约证券交易所或伦敦证券交易所上市的公司分析师跟随人数以及媒体关注度较高，提高的分析师跟随人数降低了资本成本，相比伦敦证券交易所，这种结果在纽交所更为显著，在一定程度上弥补了纽交所较高的上市费用。朗等（2003）提出，在美国交叉上市公司分析师跟随人数增加，预测准确度提高，进一步分析发现，更准确的分析师预测准确度和更多的分析师跟随提高了公司价值。表明交叉上市通过信息环境的改善提高了公司价值。西格尔（2005）指出，虽然在美国上市公司同意遵守美国法律制度，但美国证监会和小股东保护法律并未真正惩罚这类上市公司，利用墨西哥的数据分析发现，自愿性信息披露和分析师跟随建立的声誉机制帮助交叉上市公司获取更多外源资金。

（六）中国特色交叉上市

亨等（2012）分析了我国公司赴香港地区上市的原因。利用 939 家 A 股公司以及 79 家 H 股上市公司分析发现，上市公司政治关联越紧密，越倾向于发行 H 股。发行 H 股后，业绩较差，但 H 股上市公司的高管更多接受媒体访问，并且获得了提升，表明我国上市公司发行 H 股的动机之一是高管谋取政治利益。刘等（2013）分析了中国红筹股授予高管股票期权的影响因素和经济后果时提出，20 世纪 90 年代，海外投资者对国有企业知之甚少，因此很难让海外投资者相信国有企业高管有较高的动机来提高公司价值，承销商对海外投资者推荐股票时，海外投资者期望这些公司提高公司治理机制，包括信息披露、董事会以及管理层薪酬激励。另外，大陆当时对股票期权也不甚了解，再加上政府迫切希望海外资本来提高公司业绩，因此，中国红筹股开始进行股票期权激励计划。覃家琦和邵新建（2015）前期提出的制度绑定假设是上市公司母国监管要求不严格，通过在美国上市，按照美国对上市公司监管的要求进而保证监管和信息披露的高质量，降低资本成本，提高公司价值。因此，其前提是先在母国上市，然后去监管严格的地区上市,而我国的"H+A"股反而是先在监管较严格的香港地区上市,然后选择在大陆A股上市。因此,该文从回归A股的原因出发,提出"H+A"股上市公司受到强制性制度变迁,政府干预之手太重,可能导致更低的资本配置效率和公司价值。最后,该文以2007~2011年平衡面板数据支持了该假设,提出强制性制度变迁形成影响资源配置效率的成本。覃家琦和邵新建(2016)提出,交叉上市既可能由于绑定海外制度背景提高投资效率以及公司价值,也可能由于政府干预之手而降低投资效率及公司价值,该文用2006~2014年的平衡面板数据证实了政府干预之手对投资效率及公司价值的削弱。覃家琦等(2016)提出,由于政府干预使H股回归大陆,"H+A"股上市公司的成长性反而较低,并且具有更低的利润率以及更高的过度投资,促使企业股利水平较低,进一步分析指出,内部人为获取私有收益使交叉上市公司牺牲外部股东利益,因而该样本具有较弱的现金股利支付意愿。

(七)其他

1. 交叉上市中的股价差异

恩和萨布瓦尔(2003)利用加拿大数据发现交叉上市后两个交易所存在信息流动,故而存在股价调整。多伊奇和克雷格(2004)利用双重股份公司中不同投票权下股价的差异衡量控制权收益,结果发现,交叉上市公司比非交叉上市公司股价差异低,小股东保护较好的样本中,股价差异降低。表明交叉上市通过绑定较好的制度背景提高了公司治理水平,降低了控制权私利。杨娉等(2007)指出,交叉上市公司在A股和H股市场存在同股不同价现象,其中H股相对价格较低,形成中国股票市场之谜,该文利用股价横截面数据探究了该现象产生的原因,结果发现原因有三个:首先,市场分割下投资者与上市公司的信息不对称以及无法套利的存在造成资产价格差异。其次,由于我国证券市场不健全,可供选择的投资替代品太少,故而两地形成价格差异。最后,两个证券市场流动性不同可能导致价格差异。

2. 境外上市对交易所的影响

哈达特等(1999)提出,股票市场交易集中在质量较高的交易所,因此交易所之间的竞争促使其提高披露准则以最大化交易量。科菲(2002)指出,全球化的证券市场形成市场间的竞争,为了保持自己的地位,证券市场会考虑更大程度地保护小股东利益。陈国进和王景(2007)提出,交叉上市既具有分流效应也具有分散风险的作用。前者指的是交叉上市公司去高披露质量、高监管标准的地区上市,表示其质量好,因此投资者将投资于国内其他上市公司的股票投资给交叉上市公司。后者指的是投资者可以在两个市场构建投资组合,降低风险。该文验证了我国"A+H"股交叉上市对A股市场的影响,结果发现交叉上市存在分流效应，但并不存在风险分散效应，因此建议政策制定者在鼓励 H 股上市公司回归 A 股时需要考虑 A 股市场的承受能力。郭璐等（2009）提出，股权分置改革后 A 股限售股上市使资本市场对上市公司信息的反应灵敏，该结果是否影响 B 股市场呢。结果发现，股权分置改革后，A 股和 B 股的整合增强。李开秀和龚仰树（2011）利用 37 个国家或地区的交易所数据发现，上市费用、交易机制的不同、法律背景以及信息披露要求、经济运行状况等显著影响交易所竞争能力。最后提出，为促进我国资本市场的国际化，应该制定更为简单高效的法律制度以降低上市费用，构建更好的交易机制并发展机构投资者以提高竞争力。曹广喜和徐龙炳（2011）提出，交叉上市可能引发两个证券市场的竞争，用 2006~2010 年38 家交叉上市公司的数据分析发现，大陆 A 股市场和香港地区的 H 股市场在竞争中相互促进，证明两个市场通过交叉上市实现了信息的交流，提高了资源配置效率。

第四节　文献评述

关于资本账户开放的文献主要从以下几个方面及内容展开了研究：①资本账户的开放引进境外资金，缓解了境内市场的融资约束，通过全球性的风险共担以及境外投资者的有力监督降低资本成本，增加了投资等促进经济增长。但资本账户开放对经济增长的影响可能依赖一定的环境条件。另外，由于资本账户开放带来的仅是短期资金可能无法促进经济的增长。②资本账户开放后，国内资本市场置身于国际经济的浪潮中，可能受到境外市场的影响而导致较高的经济波动性。然而，由于部分国家金融市场不发达，资本账户开放可能并不能影响本国经济波动。③资本账户开放通过境外投资者的监督、分析师跟随的增加等降低代理成本。④由于资本账户开放对资本成本和代理成本的降低，上市公司价值提高。⑤资本账户开放的经济后果受公司治理、股权结构等的影响。

境外投资者持股的文献主要提出：①由于跨境投资的信息劣势，投资者持股具有本地偏好。IFRS 对会计信息的影响降低了境外投资者的信息处理成本进而影响境外投资者持股。由于大股东控制的公司存在攫取私有收益以及信息不对称等，境外投资者不倾向于持有内部人控制的公司以及投资者保护程度较弱地区的公司。投资者的关注以及上市公司的信息披露、股利发放等行为影响境外投资者持股比例。②由于境外投资者比境内投资者具有较高的独立性、较强的监督能力导致对上市公司的外部监督增加。③境外投资者接触更多信息，也有更好的能力和技术分析信息，并且他们在分析全球性信息方面具有优势。④境外投资者持股的公司传递出公司治理状况较好的信号，降低融资约束，降低资本成本。然而，由于对信息的缺乏导致其更依赖于四大事务所的审计等。

国内外学者围绕境外上市的文献主要集中在以下几个方面：①不同境外交易所吸引不同类型的上市公司，当境外上市的收益低于境外上市成本时，部分上市公司选择境内融资。②上市公司与上市目的地距离及其他公司特征影响境外上市的选择。③境外上市公司由于绑定境外制度，影响上市公司信息披露、公司价值、股价信息含量、股利分配、成本黏性、融资等上市公司各个层面。④审计师向境外上市公司收取较高的审计费用以规避较高的诉讼风险。境外上市导致较多的分析师跟随，这有助于降低资本成本，提高公司价值。⑤我国的交叉上市具有特殊性，因为我国上市公司先批准部分公司赴境外上市，然后批准其返回A股市场以示范公司治理，具有政府干预的影子。⑥交叉上市公司存在同股不同价现象。⑦境外上市引发不同证券市场之间的竞争。

尽管前人围绕股票市场开放展开了上述研究，但鲜有文献直接探讨股票市场开放对会计信息的影响。虽然蓓等（2006）分析股票市场开放与信息环境时指出股票市场开放改善信息环境，盈余管理程度降低，但该文的研究样本中包括允许境外投资者购买本国股票和交叉上市公司两类，事实上，由于交叉上市公司绑定了境外严格的法制环境和监管要求，本身盈余管理程度就低，存在很强的内生性问题。另外，国内外并无相关文献探讨股票市场开放对真实盈余管理行为的影响。臧（2012）提出，应计盈余管理和真实盈余管理存在替代关系，当应计盈余管理的成本较高时，管理层倾向于利用真实盈余管理；反之亦然。境外投资者是专业的分析能力帮助其通过公开财务报表识别上市公司的应计盈余管理行为，但由于跨境投资的信息劣势，这类投资者不易识别上市公司的真实盈余管理行为。再者，分析师跟随较多时，上市公司为满足其预测要求，具有强烈的盈余管理动机，然而分析师较强的分析经验又迫使上市公司避免应计盈余管理，进而可能转向真实盈余管理。

前期研究虽然讨论了股票市场开放对股价同步性的影响，却并未得出统一的结论。费尔南德斯和费雷拉（2008）研究提出，发达国家的公司交叉上市能够降低股价同步性，而来自新兴国家的交叉上市反而提高了股价同步性，他们认为，新兴市场中交叉上市后，分析师跟随的增加提高了广泛的市场信息而不是公司特有信息可以解释该现象，从交叉上市对中介的角度研究了股价同步性。然而，金和易（2015）对比境内和境外投资者作用时，利用新兴市场韩国的数据却发现境外投资者持股导致更多分析师的跟随，反而降低股价同步性。境外投资者的持股具有一定偏好，可能影响境外投资者持股与股价同步性的相关研究结论。两者得出的结论完全相反。因此，股票市场开放对股价同步性的影响尚需研究。

　　前期部分文献探讨了资本市场开放后投资金额的变化。加林多（2005）利用单位资本的收益衡量投资效率，发现发展中国家的资本市场开放提高了本国整个市场的投资效率，从宏观层面和国际资本流动层面上市证实了资本市场开放对投资效率的影响。国内的覃家琦和邵新建（2015）提出，我国的"H＋A"股是先在监管较严格的香港地区上市，然后再选择在大陆 A 股上市，政府干预程度较高，因而导致更低的资本配置效率和公司价值。然而，H 股的投资效率毕竟是政府干预的产物，那么微观层面上，真正意义上的股票市场开放对公司投资效率有无影响呢？这也为本书的研究提供了契机。

第三章　股票市场开放与盈余管理

第一节　问题引出

股票市场开放将我国上市公司推向了全球资本市场，便于上市公司从国际资本市场吸引资金，在开放和发展中提高国内资本市场的国际影响力。再者，境外投资者全球性的投资经验以及先进的信息分析能力有助于完善我国上市公司治理机制，加快我国资本市场改革进程。

海内外学者围绕股票市场开放展开了诸多研究。股票市场的开放通过吸引境外资金降低了投资者要求的风险补偿，并通过全球性的风险共担降低资本成本（斯图斯，1999）；不仅如此，较多资金的流入补充了国内资本市场，缓解了融资约束，增加投资（2000），提高了经济增长率（2000）。另外，股票市场开放将上市公司推向国际资本市场，增加了国际资本对国内上市公司的监督，为高管施加了公司被并购的压力，为上市公司提供了先进的管理技术（斯图斯，1995），吸引了媒体和分析师的关注，改善了上市公司信息环境（蓓等，2006）。然而，股票市场开放也可能将本国脆弱的资本市场置于全球化的市场而引发经济波动（斯蒂格利茨和约瑟夫，2000；熊衍飞等，2015）。尽管前人展开了丰富的研究，但鲜有文献直接探讨股票市场开放对会计信息的影响。虽然蓓等（2006）分析股票市场开放与信息环境时指出，由于信息环境的改善，股票市场开放后，盈余管理程度降低，但该文的研究样本中包括允许外投资者购买本国股票和交叉上市公司两类，事实上，交叉上市公司绑定了境外严格的法制环境和监管体系，本身盈余管理程度可能较低，存在很强的内生性问题。

作为一种准公共信息，会计信息影响各资本市场参与者。上市公司进行 IPO 时，会计信息是影响上市成功以及融资成本的重要因素（Teoh 等，1998；蔡春等，2013），上市公司的增发（Aharony 等，2010）、退市（肖成民和吕长江，2011）或借款（Bowen 等，1995；Bharath 等，2008）也离不开会计信息。另外，会计信息影响管理层奖金（希利，1985；陈胜蓝和卢锐，2012）以及股票期权的行权（戴姆勒，2013；肖淑芳等，2013）。会计信息同时也为投资决策提供依据（Biddle 和 Hilary，2006）。不仅如此，会计信息也影响分析师预测（Kim 和 Schroeder，1990），因此，上市公司会计信息对于资本市场参与者均具有重要影响。会计信息的重要性促使上市公司管理层进行会计信息的操控。已有研究发现，上市公司迫于资本市场压力（Teoh 等，1998）、借款契约（Sweeney，1994）、薪酬契约（Hagerman 和 Zmijewski，1979）或政治动机（Hall 和 Stammerjohan，1996）操控会计数字，利用会计政策选择或实际的交易安排影响会计信息，形成盈余管理。

首先，股票市场开放可能影响上市公司盈余管理行为。发达资本市场中的投资者，具有先进的信息分析能力和较强的监督意识和监督能力，同时境外证券市场投资者保护程度较高（拉波特等，1998），面临上市公司违规的信息披露时可能倾向于通过法律诉讼等途径保护自己的利益，因而能够监督国内上市公司管理层。其次，股票市场开放后，国内上市公司面临国际市场，被并购的可能性增大，管理层面临的市场压力增加，促使其致力于提高公司业绩，可能降低代理成本。不仅如此，股票市场开放后，上市公司接触了更先进的知识，提高了公司管理水平，较好的业绩可能降低盈余管理操控动机。再次，股票市场开放后，境内资金的外流可能给境内上市公司构成压力，促使上市公司提高自身能力。最后，股票市场开放吸引了更多分析师等中介机构的加入（蓓等，2006），便于改善上市公司信息环境，提高信息披露质量。基于此，本书试图探究我国股票市场开放对盈余管理可能的影响。

2014 年 11 月 17 日，沪港通正式运行，香港地区投资者可以通过联交所购买部分在上海证券交易所上市的股票，标志着我国的股票市场开放已经踏上了新一轮的征程。沪港通仅选取部分 A 股上市公司作为香港地区投资者的投资标的，其余 A 股上市公司自然成为对照组，这为我国股票市场开放对盈余管理行为的影响研究提供"准自然试验"契机。基于此，本书以沪港通运行为外生事件，利用"PSM + DID"的方法分析上市公司盈余管理行为。结果发现：①沪港通运行后，标的股票应计盈余管理尤其是向上的应计盈余管理行为显著降低，然而标的股票真实盈余管理行为提高，表明股票市场开放通过监督或分析师的跟随影响盈余管理。②应计盈余管理的成本较高或真实盈余管理成本较高时，股票市场开放对盈余管理的效应越显著，进一步表明股票市场开放后，上市公司在不同盈余管理方式之间的转换。③应计盈余管理程度的降低以及真实盈余管理程度的提高在非国有企业中较为显著，国有企业"掏空"以及盈余管理动机较弱可能解释该现象。④探究股票市场开放影响盈余管理行为的机制发现，股票市场开放降低了代理成本及关联交易，增加了分析师跟随人数，进一步为股票市场开放对盈余管理行为的研究提供了证据。

本书的意义在于：①首次探讨了我国股票市场开放对上市公司盈余管理行为的影响，在中国证监会和香港地区证监会的联合公告中，双方提出希望沪港通能够改进内地资本市场投资者结构，提升投资理念。2016 年 12 月 5 日，深港通已经开始正式运行。沪港通作为资本市场开放的前头兵，探究其经济后果可以为资本市场的进一步开放提供经验。②本书对股票市场开放与盈余管理行为尤其是真实盈余管理行为的研究补充了盈余管理以及股票市场开放领域相关文献。③本书采用"PSM + DID"的方法很好地解决了内生性问题，为后期进行股票市场开放的经济后果研究提供了借鉴。

本章后续安排如下：第二节进行理论分析并提出研究假设。第三节从样本选择和模型设计及变量选取方面进行研究设计。第四节进行实证分析，包括样本及变量的描述性统计、主要假设的验证，并探究盈余管理成本以及股权性质对股票市场开放盈余管理效应的影响以及股票市场开放影响盈余管理行为的机制。最后得出本章的结论。

第二节 理论分析与假设提出

一、股票市场开放的经济后果分析

就宏观层面而言，股票市场开放缓解了融资约束（克里斯蒂和袁，2009），通过全球性的风险共担降低了资本成本（斯图斯，1995），由于境外资本的投入而增加投资（亨利，2000），进而提高经济增长（贝卡尔特等，2000）。然而，股票市场的开放导致金融体系脆弱可能引发金融危机（卡明斯基等，1999）。

从微观层面而言，股票市场开放引进的境外投资者能够降低代理成本。首先，境外投资者具有的技术、监督能力较强，能够实施更好的监督。其次，全球性的融资渠道避免了融资中资金供给方的"寻租"行为，减少交易成本。再次，资本市场开放使公司被并购的可能性增大，管理层压力增加，促使其致力于提高公司业绩，降低代理成本。最后，资本市场开放给企业提供更好的融资和技术，促使其更好地管理风险（斯图斯，1995）。基兰和斯塔克斯（2003）也提出，提高境外投资者持股比例可以促使境外投资者通过直接干预提高公司治理。国际投资越多,治理机制越好。被较多的机构投资者持有的公司更可能解雇业绩差的CEO,提高公司价值(阿加瓦尔等,2011)。曾等(2016)提出,境外机构投资者能够通过监督提高管理层预测水平。部分研究提出,股票市场开放中的境外上市通过绑定境外严格的监管体系提高信息披露质量(张宗新等,2005;多伊奇等,2009)等降低代理成本。

另外,股票市场开放引入的境外投资者具有较强的信息处理能力。西肖尔斯(2004)提出,中国台湾地区的境外投资者比岛内投资者具有更多信息。因为境外投资者来自资本市场更发达的国家,接触了更多信息,也有更好的能力和技术分析信息,并且他们在分析全球性信息方面具有优势。正因为境外投资者具有较强的信息处理能力,他们投资的业绩表现可能强于本土投资者(格林布拉特和克洛哈尔朱,2000)。克里斯托弗森和萨基森(2009)也提出,美国市场中的共同基金公司具有更好的学习能力。另外,境外投资者在跨境并购中通过提高内部控制,减少并购方与被并购方的交易成本进而提高跨境并购成功率(弗雷拉等,2010)。

境外投资者的加入导致对信息的需求增加,因此,股票市场开放使分析师跟随人数增加。蓓等(2006)指出,股票市场的开放后,分析师跟随人数增加,应计盈余管理程度降低。金和易(2015)也提出,境外投资者导致更多分析师关注及信息生成,鼓励公司披露更多信息。

二、盈余管理的相关研究

已有研究发现,上市公司迫于资本市场压力(Teoh 等,1998)、借款契约(Sweeney,1994)、薪酬契约(Hagerman 和 Zmijewski,1979)或政治动机(Hall 和 Stammerjohan,1996)操控会计数字,通过利用会计政策选择或实际的交易安排影响会计信息,形成盈余管理。

较高的投资者保护程度通过限制内部人私有收益的攫取提高信息质量(Leuz 等,2003)。在法律制度和法律执行严格的国家中,盈余操纵被发现后造假的损失更大,因而盈余管理程度较低(Bushman 和 Piotroski,2006)。刘启亮等(2008)也指出,投资者保护较弱时,更为集中的股权能够为大股东获取私利提供便利,上市公司可能进行更多的盈余管理。投资者保护的诉求越高,上市公司面临较高的投资者压力时可能降低向上调整应计盈余的幅度(曾建光等,2013)。

证券分析师的活动可能通过信息的提供降低盈余管理行为。詹森和梅克林(1976)提出,证券分析师的活动减少了股东和经理层之间的代理冲突。于

（2008）提出，分析师利用自己的经验和信息挖掘能力等对公司形成监督。另外，分析师更可能基于声誉角度揭示上市公司的欺诈行为（Dyck 和 Zingales，2010）。伊兰尼与俄勒施（2013）利用分析师所在券商的并购作为自然试验，发现分析师跟随的减少降低了信息质量，进一步证明了分析师与内部治理的替代作用。陈等（2015）在研究分析师跟随对外部股东利益的保护时发现，跟随的分析师减少后，盈余管理增加。国内的潘越等（2011）也发现分析师能够挖掘隐藏信息，降低信息不透明与股价暴跌之间的正相关关系。李春涛等（2014）指出，分析师跟随的增加降低了盈余管理程度。

然而，分析师跟随的增加可能给上市公司的预期造成压力，促使上市公司进行更多真实盈余管理。伊拉尼（2016）结果发现，分析师跟随的减少提高了应计盈余管理，降低了真实盈余管理。表明上市公司利用真实盈余管理提高业绩以应对分析师跟随增加导致的压力。李春涛等（2016）也发现了国内资本市场存在该现象。

不仅分析师使上市公司转向更多真实盈余管理。事实上，上市公司利用两种应计盈余管理行为和三种营运活动以最小化的成本达到目标（Beatty 等，1995；Barton，2001；Pincus 和 Rajgopal，2002）。科恩和扎罗温（2008）发现为进行股权再融资，上市公司进行更少的应计盈余管理，但是进行更多的真实盈余管理。臧（2012）指出，应计盈余管理和真实盈余管理相互替代，两者间的替代关系受两种盈余管理成本的影响。国内的龚启辉等（2015）也指出，我国存在应计盈余管理和真实盈余管理的替代关系。

三、股票市场开放对盈余管理行为的影响

股票市场开放后，境外投资者可能通过监督影响上市公司盈余管理行为。一方面，我国的资本市场在制度、文化等方面具有特殊性，商业交易、财务安排以及公司治理被关系交易决定。国内投资者要想从上市公司获取收益，必须理解这些内部交易，需要了解并维系国内错综复杂的政治关联、银企关系并进入高管"圈子"等（鲁兹和沃诺克，2009）。这导致国内投资者无法有力地监督上市公司，而来自发达国家或地区的投资者具有丰富的交易经验，先进的技术分析能力以及较独立的社会网络，提高了监督能力。另一方面，境外较强的法律法规和严格的信息披露制度保障了投资者利益的同时也培养了境外投资者较强的法律意识，在面临利益侵占时，可能采取法律诉讼维护自己的利益，给管理层构成被诉讼的压力。投资者保护程度强的环境中，内部人隐藏收益获取私有收益的能力被限制，所以盈余管理程度较低（Leuz 等，2003）。曾建光等（2013）以拆迁关注度来衡量投资者保护的诉求，发现拆迁关注度高的地区，投资者保护诉求高，上

市公司管理层面临较高的投资者压力，倾向于降低向上调整应计盈余的幅度。因此，股票市场开放后，境外投资者通过对上市公司形成监督和制约，促使上市公司会计信息质量的提高。

不仅境外投资者的监督影响上市公司盈余管理行为，首先，股票市场开放后，上市公司面临全球性的交易市场，被并购的可能性增加，管理层面临的市场压力增加，可能降低代理成本，进而降低会计信息操控动机（斯图斯，1995）。其次，股票市场开放后，上市公司接触了更先进的知识，便于从能力上提高信息质量。再次，股票市场开放后，境内资金的外流可能给境内上市公司构成压力，促使上市公司提高自身能力。最后，股票市场开放吸引了更多的分析师加入（蓓等，2006），分析师是富有经验的市场中介机构，长期跟随上市公司，积累了较强的分析能力，因此分析师利用自己的经验和信息挖掘能力等对公司形成监督，缓解了股东和经理层之间的代理冲突，降低了盈余操控动机（于，2008）。

然而，不同的盈余管理方式之间可能相互影响。臧（2012）提出，应计盈余管理和真实盈余管理存在替代关系，当应计盈余管理的成本较高时，管理层倾向于利用真实盈余管理；反之亦然。境外投资者专业的分析能力帮助其通过公开财务报表来识别上市公司的应计盈余管理行为，但由于跨境投资的信息劣势，这类投资者不易识别上市公司的真实盈余管理行为。再者，分析师跟随较多时，上市公司为满足预测要求，具有强烈的盈余管理动机，然而分析师较强的分析经验又迫使上市公司避免应计盈余管理，进而转向真实盈余管理。伊拉尼（2016）利用分析师所在券商的合并作自然试验进行双重差分分析时也发现，分析师跟随的减少提高了应计盈余管理，降低了真实盈余管理。这表明上市公司利用真实盈余管理提高业绩以应对分析师跟随增加所导致的压力。国内的龚启辉等（2015）也发现我国上市公司真实与应计盈余管理之间的替代关系。

基于此，本书提出假设1：股票市场开放导致上市公司应计盈余管理程度降低，真实盈余管理程度增加。

第三节　研究设计

一、样本选取及数据来源

境外投资者对我国上市公司的投资主要通过B股市场、境外上市公司、QFII制度以及沪港通或深港通模式。然而，B股市场是专为境外投资者设立的投资市场，入选 B 股的上市公司以及监管制度均有特殊性，对该样本进行分析存在很强的内生性问题，再者 B 股上市公司仅百余家，样本较少，更重要的是随着 A 股市场的发展，B 股市场趋于边缘化，不具有代表性。境外上市公司也是专为在境外资本市场筹资而上市的，其监管要求依赖于上市目的地，利用该类样本分析不利于将理论扩展到境内股票市场。QFII 制度虽然允许境外合格机构投资者在境内资本市场进行投资，然而对参与的机构投资者、投资组合中股票所占的比例等均有限制，不利于推广到其他境外投资者对上市公司行为的影响。再者，QFII 制度基本允许合格的境外投资者投资所有 A 股市场股票，境外投资者的持股偏好也可能导致结果存在很强的内生性问题。

2014 年 11 月 17 日，沪港通正式运行，该制度允许香港地区的投资者通过香港地区的经纪商，经过香港地区联交所设立的证券交易服务公司向上海证交所买卖一定范围内的股票。允许境外投资者买入的股票与不被允许买入的股票形成天然的试验组和对照组，便于解决内生性问题，为研究股票市场开放影响上市公司会计行为的研究提供契机。因此，本书围绕沪港通运行事件，采用 "PSM + DID" 方法分析上市公司的盈余管理行为。

本书选取了 2012～2015 年共 4 个年度的数据为初始样本，沪股通中，香港地区投资者的可投资标的为上证 180 指数成分股、上证 380 指数成分股以及同时在上海证券交易所和香港地区联交所上市的 A + H 股公司中的股票。上证 180 成分股的选取主要考虑日均总市值（亿元）以及日均交易量（亿元）、上市时间、行业等，上证 380 成分股的选取主要考虑净资产收益率、日均交易量、日均总市值、营业收入增长率、未分配利润、最近五年发放股利状况以及行业等。为避免标的股票特性对结果产生影响，本书首先对从 CSMAR 数据库获取的样本进行了倾向得分匹配：①对样本进行了简单处理：为避免 B 股和 H 股对结果的影响，将 B 股或 H 股样本剔除；为进行对比，剔除仅存在 2014 年和 2015 年的样本；由于金融行业相关指标与监管可能与其他行业不一致，剔除金融行业样本；剔除上市时间不足 1 年的样本；剔除 ST 样本；剔除未分配利润为负的公司；剔除最近五年未发放股利的公司；剔除变量缺失的样本。剩余 8280 个样本。②分行业和年度分别对上证 180 成分股和上证 380 成分股进行卡尺为 0.01 的 1∶1 无放回倾向得分匹配。其中上证 180 成分股的配对变量为市值和交易量，上证 380 成分股的配对变量为市值、交易量、净资产收益率和营业收入增长率。③获取匹配成功后的股票代码对应的每个年度数据，形成总样本 2317 个。④对匹配样本进行平衡面板以及共同支撑检验。

表 3 - 1 报告了倾向得分匹配的平衡面板检验结果，其中 Panel A 报告了上证 180 匹配的结果，Panel B 报告了上证 380 匹配的结果。上证 180 成分股配对后，

市值和交易量不存在显著性差异，上证380成分股配对后，市值、交易量、净资产收益率以及营业收入增长也均不存在显著性差异，表明该配对满足平衡面板假设。

表 3 - 1   PSM 后的平衡面板检验

变量	对照组	试验组	S. B（%）	T – Test	P >	T	
Panel A：上证180 经 PSM 后的平衡面板检验					
市值	156.630	145.030	5.600	0.670	0.505
交易量	2.444	2.355	4.500	0.280	0.778
Panel B：上证380 经 PSM 后的平衡面板检验					
市值	109.030	110.530	– 1.700	– 0.050	0.958
交易量	3.656	3.561	3.600	0.120	0.905
净资产收益率	0.058	0.041	14.500	0.310	0.758
营业收入增长率	0.052	– 0.009	13.200	0.550	0.583

图 3 - 1 给出了匹配前后样本的 PSCORE 值密度分布，左边为匹配前的密度分布，右边为匹配后的密度分布。由图 3 - 1 可知，匹配前试验组的 PSCORE 明显大于对照组。匹配后，对照组 PSCORE 分布向右移动，试验组与对照组 PSCORE 分布基本一致，两者形态接近，表明倾向得分匹配修正了两组样本值的分布偏差，匹配满足共同支撑假设。

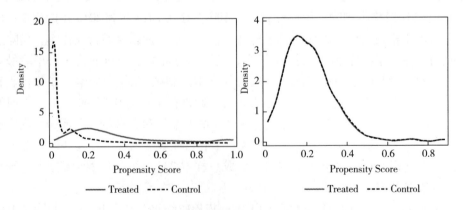

图 3 - 1   配对前后 PSCORE 密度分布

二、模型设计与变量说明

本书借鉴 Jones（1991）提出的琼斯模型计算应计盈余管理。首先，设计模型（3-1）：

$$\frac{TA_{i,t}}{Asset_{i,t-1}} = \alpha \frac{1}{Asset_{i,t-1}} + \beta_1 \frac{\Delta Sales_{i,t}}{Asset_{i,t-1}} + \beta_2 \frac{PPE_{i,t}}{Asset_{i,t-1}} + \varepsilon_{i,t} \qquad (3-1)$$

其中，$TA_{i,t}$ 为 i 公司在第 t 年的总体应计项目，$\Delta Sales_{i,t}$ 为 i 公司第 t 年的收入减去第 t-1 的收入，$PPE_{i,t}$ 为 i 公司在第 t 年的固定资产原值，$Asset_{i,t-1}$ 为 i 公司在第 t-1 年的总资产，$\varepsilon_{i,t}$ 为公司 i 在第 t 年的误差项。

将式（3-1）分别按照行业和年度进行回归，获取每个行业年度的 α、β_1 和 β_2 的估计数，分别以 a、b_1、b_2 代替，然后将每个公司实际的 TA、Asset、ΔSales 以及 PPE 代入式（3-2），计算残差，即应计盈余管理值 DA：

$$DA_{i,t} = \frac{TA_{i,t}}{Asset_{i,t-1}} - \left(a \frac{1}{Asset_{i,t-1}} + b_1 \frac{\Delta Sales_{i,t}}{Asset_{i,t-1}} + b_2 \frac{PPE_{i,t}}{Asset_{i,t-1}} \right) \qquad (3-2)$$

本书借鉴罗伊乔杜里（2006）的方法衡量真实盈余管理，包括操控销售、过度生产以及操控费用。计算方法也是按照行业和年度分别计算正常经营活动产生的现金流、生产成本以及管理和销售费用，然后将实际值减去正常值，得出异常值即反应实际盈余管理程度。

$$\frac{CFO_{i,t}}{Asset_{i,t-1}} = k_1 \frac{1}{Asset_{i,t-1}} + k_2 \frac{\Delta Sales_{i,t}}{Asset_{i,t-1}} + k_3 \frac{PPE_{i,t}}{Asset_{i,t-1}} + \varepsilon_{i,t} \qquad (3-3)$$

$$DCFO_{i,t} = \frac{CFO_{i,t}}{Asset_{i,t-1}} - \left(l_1 \frac{1}{Asset_{i,t-1}} + l_2 \frac{Sales_{i,t}}{Asset_{i,t-1}} + l_3 \frac{\Delta Sales_{i,t}}{Asset_{i,t-1}} \right) \qquad (3-4)$$

其中，$CFO_{i,t}$ 衡量 i 公司 t 年度的经营活动现金流，将式（3-3）分行业和年度回归后得到每个行业年度的 k_1、k_2、k_3 分别以 l_1、l_2、l_3 代替，然后将每个公司实际的 CFO、Asset、ΔSales 代入式（3-4），计算残差，即操控销售 DCFO。

$$\frac{PROD_{i,t}}{Asset_{i,t-1}} = k_1 \frac{1}{Asset_{i,t-1}} + k_2 \frac{Sales_{i,t}}{Asset_{i,t-1}} + k_3 \frac{\Delta Sales_{i,t}}{Asset_{i,t-1}} + k_4 \frac{\Delta Sales_{i,t-1}}{Asset_{i,t-1}} + \varepsilon_{i,t}$$

$$(3-5)$$

$$DPROD_{i,t} = \frac{PROD_{i,t}}{Asset_{i,t-1}} - \left(l_1 \frac{1}{Asset_{i,t-1}} + l_2 \frac{Sales_{i,t}}{Asset_{i,t-1}} + l_3 \frac{\Delta Sales_{i,t}}{Asset_{i,t-1}} + l_4 \frac{\Delta Sales_{i,t-1}}{Asset_{i,t-1}} \right)$$

$$(3-6)$$

其中，$PROD_{i,t}$ 衡量 i 公司 t 年度的主营业务成本和存货增加值，将式（3-5）分行业和年度回归后得到每个行业年度的 k_1、k_2、k_3、k_4，分别以 l_1、l_2、l_3、l_4 代替，然后将每个公司实际的 PROD、Asset、ΔSales 代入式（3-6）计算残差，即操控生产 DPROD。

$$\frac{SGA_{i,t}}{Asset_{i,t-1}} = k_1 \frac{1}{Asset_{i,t-1}} + k_2 \frac{Sales_{i,t}}{Asset_{i,t-1}} + \varepsilon_{i,t} \tag{3-7}$$

$$DSGA_{i,t} = \frac{SGA_{i,t}}{Asset_{i,t-1}} - \left(l_1 \frac{1}{Asset_{i,t-1}} + l_2 \frac{Sales_{i,t}}{Asset_{i,t-1}} \right) \tag{3-8}$$

其中，SGAit 衡量 i 公司 t 年度的销售和管理费用，将式（3-7）分行业和年度回归后得到每个行业年度的 k_1、k_2，分别以 l_1、l_2 代替，然后将每个公司实际的 SGA、Asset、Sales 代入式（3-8），计算残差，即操控费用 DSGA。

为衡量股票市场开放对盈余管理行为的影响，本书借鉴伯特兰和穆拉尼坦（2003）的研究，利用控制公司和年度的固定效应模型进行双重差分分析。阿姆斯特朗等（2012）研究公司治理与信息环境时也运用了该模型。国内对该模型的应用始于周黎安和陈烨（2005）、靳庆鲁等（2015）对卖空与投资效率的研究，张璇等（2016）探究卖空与盈余重述的文章也使用了该方法。该模型具体如式（3-9）所示：

$$EM_{i,t} = \alpha_i + \alpha_t + \alpha_1 SHTong_{i,t} + Control_{i,t} + \varepsilon_{i,t} \tag{3-9}$$

其中，EM 衡量盈余管理，α_i 为公司固定效应，α_t 为年度固定效应。沪港通变量（SHTong）为虚拟变量，沪港通运行后的标的股票取值为 1，否则为 0。

比如 A 公司 2014 年为沪港通标的，那么沪港通对该公司盈余管理的影响在 2014~2013 年的差异如模型（3-10）所示：

$$E(EM_{i,t}|i=A,t=2014) - E(EM_{i,A}|i=A,t=2013) = \alpha_{2014} - \alpha_{2013} + \alpha_1 \tag{3-10}$$

A 公司的对照组 A- 公司的盈余管理程度在 2014~2013 年的差异如模型（3-11）所示：

$$E(EM_{i,t}|i=A-,t=2014) - E(EM_{i,t}|i=A-,t=2013) = \alpha_{2014} - \alpha_{2013} \tag{3-11}$$

因此，考虑对照组后，沪港通对盈余管理的影响程度为模型（3-10）减去模型（3-11），如模型（3-12）所示：

$$E(EM_{i,t}|i=A,t=2014) - E(EM_{i,t}|i=A,t=2013) - (E(EM_{i,t}|i=A-,t=2014) - E(EM_{i,A}|i=A-,t=2013)) = \alpha_1 \tag{3-12}$$

因此，α_1 可以衡量沪港通对盈余管理的影响程度，当 α_1 系数显著为正，表明沪港通提高了盈余管理程度，否则相反。其他变量定义如表 3-2 所示。此外，为避免样本异常值对结果可能造成的影响，对连续变量均进行了上下 1% 的 Winsorize 处理。

表 3 - 2 变量定义

变量		变量定义
被解释变量 （EM）	AbsAM	应计盈余管理的绝对值 | DA |
	UpAM	向上调整的应计盈余管理即所有大于零的 DA
	DownAM	向下调整的应计盈余管理即所有小于零的 DA
	RealEM	合计真实盈余管理，– DCFO + DPROD – DSGA
	RealEM1	真实盈余管理，操控生产和操控费用合计，DPROD – DSGA
	RealEM2	真实盈余管理，操控销售和操控费用合计，– DCFO – DSGA
解释变量	SHTong	沪港通运行后标的股票为 1；否则为 0
控制变量 （Control）	Growth	年度销售收入增长率
	ROA	总资产收益率
	Leverage	资产负债率
	Size	总资产的自然对数
	Big4	是否国际四大事务所审计，是取 1；否则为 0
	SOE	国有上市公司取 1；否则为 0
	Separate	实际控制人拥有的控制权与所有权之差
	Beat	总资产收益率处于 0 ~ 0.01 区间范围内取 1；否则为 0

第四节 回归分析

一、描述性统计

表 3 - 3 报告了各主要变量的描述性统计结果：①AbsAM 均值为 0.066，标准差为 0.081，表明上市公司应计盈余管理程度波动较大；②RealEM 波动范围为 – 0.656 ~ 0.707，说明真实盈余管理也存在较大波动性；③SHTong 均值为 0.257，接近 25%，表明样本基本合理，之所以不是 25% 是因为部分上市公司某年度数据缺失导致；④SOE 均值为 0.445，表明国有企业占样本的比重为

44.5%；⑤Seperate 均值为 0.056，最大值为 0.286，说明我国可能存在控股股东，可能攫取公司利益；⑥Beat 均值为 0.109，表明 10.9% 的公司总资产收益率处于 0～0.01 的区间。

表 3 - 3   变量描述性统计

变量	均值	标准差	最小值	中值	最大值
AbsAM	0.066	0.081	0.001	0.042	0.588
UpAM	0.068	0.078	0.001	0.043	0.601
DownAM	− 0.065	0.083	− 0.586	− 0.042	− 0.001
RealEM	− 0.033	0.194	− 0.656	− 0.022	0.707
RealEM1	− 0.025	0.148	− 0.529	− 0.012	0.574
RealEM2	− 0.020	0.139	− 0.506	− 0.006	0.521
SHTong	0.257	0.437	0.000	0.000	1.000
Growth	0.163	0.450	− 0.586	0.100	3.785
ROA	0.043	0.045	− 0.17	0.036	0.197
Leverage	0.473	0.200	0.048	0.476	0.920
Size	22.402	1.035	19.472	22.327	25.274
Big4	0.030	0.170	0.000	0.000	1.000
SOE	0.445	0.497	0.000	0.000	1.000
Seperate	0.056	0.078	0.000	0.000	0.286
Beat	0.109	0.311	0.000	0.000	1.000

表 3 - 4 报告了沪港通运行后标的样本（SHTong = 1）和其他样本（SHTong = 0）变量之间存在的差异。结果表明，沪港通运行后标的样本应计盈余管理程度降低，真实盈余管理程度提高。另外，两个样本在成长性、经营业绩、负债率等方面存在差异。

表 3 - 5 报告了主要变量的相关系数。由表 3 - 5 可知，SHTong 与 AbsAM 相关系数显著为负，与 RealEM 相关系数显著为正，可能表明沪港通运行后，应计盈余管理程度降低，真实盈余管理程度提高。Growth 与 AbsAM 相关系数显著为

表 3-4 变量差异性检验

变量	SHTong = 0		SHTong = 1		均值差异 T 值
	样本量	均值	样本量	均值	
AbsAM	1721	0.070	596	0.057	0.013 ***
UpAM	872	0.071	262	0.056	0.015 ***
DownAM	849	-0.068	334	-0.058	-0.010 *
RealEM	1721	-0.040	596	-0.011	-0.029 ***
RealEM1	1721	-0.031	596	-0.006	-0.025 ***
RealEM2	1721	-0.025	596	-0.003	-0.022 ***
Growth	1721	0.178	596	0.120	0.058 ***
ROA	1721	0.045	596	0.038	0.006 ***
Leverage	1721	0.466	596	0.494	-0.027 ***
Size	1721	22.273	596	22.774	-0.501 ***
Big4	1721	0.027	596	0.039	-0.012
SOE	1721	0.408	596	0.552	-0.144 ***
Seperate	1721	0.057	596	0.054	0.002
Beat	1721	0.107	596	0.112	-0.005

注：***、**、*分别表示在 1%、5%、10% 水平上显著（双尾）。均值检验采用均值比较 T 检验。

正，与 RealEM 相关系数显著为负，表明了成长性与应计盈余管理的正相关关系以及与真实盈余管理的负相关关系。SOE 与 AbsAM 相关系数显著为负，与 RealEM 相关系数显著为正，可能说明国有企业应计盈余管理程度较低，但真实盈余管理程度较。

另外，为避免试验组和对照组成为沪港通标的前盈余管理存在差异，可能对本书结论产生影响，本书首先对成为标的前的试验组和对照组盈余管理程度进行了差异性检验。表 3-6 报告了检验结果，结果表明除 RealEM2 外，应计盈余管理和其他真实盈余管理在试验组和样本组并不存在显著性差异。

表3-5 变量相关系数

变量	AbsAM	RealEM	SHTong	Growth	ROA	Leverage	Size	Big4	SOE	Seperate
RealEM	0.030	1.000								
SHTong	-0.069***	0.065***	1.000							
Growth	0.155***	-0.080***	-0.057***	1.000						
ROA	-0.038*	-0.417***	-0.062***	0.142***	1.000					
Leverage	0.046**	0.156***	0.060***	0.019	-0.452***	1.000				
Size	-0.042**	0.049**	0.212***	0.013	-0.176***	0.566***	1.000			
Big4	0.008	0.007	0.031	-0.013	-0.021	0.093***	0.177***	1.000		
SOE	-0.062***	0.069***	0.127***	-0.060***	-0.136***	0.245***	0.307***	0.042**	1.000	
Seperate	-0.008	0.022	-0.013	-0.015	-0.058***	0.074***	0.045**	0.051**	-0.197***	1.000
Beat	0.023	0.130***	0.007	-0.045**	-0.288***	0.187***	0.098***	-0.004	0.0250	0.060***

注：***、**、*分别表示在1%、5%、10%水平上显著（双尾）。

表3-6 沪港通前盈余管理差异值

样本	对照组		试验组		差异T值
变量	样本量	均值	样本量	均值	
AbsAM	530	0.069	579	0.074	-0.005
UpAM	271	0.068	286	0.077	-0.009
DownAM	259	-0.069	293	-0.07	0.001
RealEM	530	-0.043	579	-0.058	0.015
RealEM1	530	-0.034	579	-0.048	0.013
RealEM2	530	-0.029	579	-0.049	0.020**

注：***、**、*分别表示在1%、5%、10%水平上显著（双尾）。组间检验采用均值比较T检验。

二、主回归分析

为检验假设1，本书使用控制公司和年度固定效应的模型（3-9）来分析股票市场开放与盈余管理行为之间的关系。表3-7报告了主要分析结果。第（1）~第（3）列分别报告了股票市场开放（SHTong）对应计盈余管理的绝对值（AB-SAM）、正向应计盈余管理（UpAM）以及负向应计盈余管理（DownAM）的作用。第（4）~第（6）列报告了股票市场开放（SHTong）对真实盈余管理的作用，其中真实盈余管理分别用RealEM、RealEM1和RealEM2衡量。

表3-7第（1）列中，SHTong的系数为-0.014，且具有5%水平上的显著性，表明沪港通运行后，标的公司应计盈余管理绝对值降低；第（2）列中SHTong系数在1%水平上显著为负，表明沪港通运行后，标的公司向上的应计盈余管理程度降低；第（3）列中SHTong的系数不显著，t值也较小，表明沪港通运行后，标的公司向下的应计盈余管理程度基本不变。

表3-7第（4）列中，SHTong的系数为0.024，且具有5%水平上的显著性，第（5）列中SHTong的系数也在5%水平上显著为正，第（6）列中，SHTong的系数为0.015，t值高达1.62，接近统计意义上的显著性。因此，第（4）~第（6）列的结果表明沪港通运行后，标的公司真实盈余管理程度提高。

总之，表3-7的结果表明，股票市场开放后，上市公司应计盈余管理尤其是正向盈余管理水平降低，真实盈余管理水平提高，假设1基本得到验证。这可能表明股票市场开放通过境外投资者或分析师的监督对上市公司形成制衡，导致上市公司降低应计盈余管理程度，然而较高的满足预期压力又迫使其选择了真实盈余管理。

表3-7　股票市场开通与盈余管理

样本	应计盈余管理			真实盈余管理		
模型	(1)	(2)	(3)	(4)	(5)	(6)
变量	AbsAM	UpAM	DownAM	RealEM	RealEM1	RealEM2
SHTong	-0.014**	-0.026***	-0.000	0.024**	0.022**	0.015
	(-2.17)	(-2.62)	(-0.01)	(2.03)	(2.21)	(1.62)
Growth	0.018***	0.010	-0.050***	-0.050***	-0.045***	-0.040***
	(4.11)	(1.51)	(-6.51)	(-5.90)	(-6.65)	(-6.46)
ROA	-0.101	0.380***	0.334***	-1.156***	-0.810***	-0.334***
	(-1.45)	(2.78)	(2.94)	(-8.61)	(-7.40)	(-3.34)
Leverage	-0.030	0.017	0.008	0.042	0.093**	-0.088**
	(-1.11)	(0.37)	(0.17)	(0.80)	(2.15)	(-2.24)
Size	0.005	-0.003	0.038**	0.023	0.007	0.002
	(0.58)	(-0.19)	(2.43)	(1.42)	(0.52)	(0.20)
Big4	0.047*	0.018	-0.086**	0.034	0.020	0.022
	(1.86)	(0.52)	(-2.22)	(0.68)	(0.49)	(0.61)
SOE	-0.044*	-0.085*	0.028	0.019	0.008	0.002
	(-1.88)	(-1.94)	(0.74)	(0.42)	(0.21)	(0.06)
Seperate	0.001	0.056	0.089	0.095	0.061	-0.041
	(0.02)	(0.59)	(1.07)	(0.88)	(0.69)	(-0.51)
Beat	-0.003	0.009	-0.006	0.004	0.002	-0.011
	(-0.40)	(0.79)	(-0.54)	(0.29)	(0.18)	(-1.14)
Constant	0.006	0.123	-0.922***	-0.549	-0.213	-0.042
	(0.03)	(0.42)	(-2.72)	(-1.56)	(-0.74)	(-0.16)
Firm & Year	控制	控制	控制	控制	控制	控制
Observations	2317	1134	1183	2317	2317	2317
R-squared	0.040	0.065	0.084	0.109	0.108	0.092
F	5.941	3.535	4.946	17.36	17.21	14.36

注：括号内为t值，***、**、*分别表示在1%、5%、10%水平上显著（双尾）。

三、稳健性检验

(一) 更换倾向得分匹配方法

为保证结果的稳健，本书将倾向得分匹配时的卡尺缩小到0.005，表3-8报告了主要回归结果，结果发现，第（1）、第（2）列中，SHTong 系数仍然显著为负，第（4）、第（5）列中，SHTong 系数显著为正，依然表明股票市场开放降低了应计盈余管理程度，提高了真实盈余管理程度，证实了结果的稳健性。

表3-8 更换倾向得分匹配方法的稳健性检验

样本	应计盈余管理			真实盈余管理		
模型	(1)	(2)	(3)	(4)	(5)	(6)
变量	AbsAM	UpAM	DownAM	RealEM	RealEM1	RealEM2
SHTong	-0.013**	-0.028***	-0.002	0.029**	0.028***	0.019**
	(-2.01)	(-2.72)	(-0.21)	(2.27)	(2.58)	(1.99)
Growth	0.022***	0.020***	-0.048***	-0.056***	-0.047***	-0.041***
	(4.87)	(2.74)	(-6.58)	(-6.21)	(-6.36)	(-6.12)
ROA	-0.122*	0.325**	0.380***	-1.201***	-0.830***	-0.391***
	(-1.71)	(2.32)	(3.36)	(-8.49)	(-7.09)	(-3.71)
Leverage	-0.034	0.018	0.040	0.062	0.093**	-0.103**
	(-1.18)	(0.38)	(0.85)	(1.09)	(1.96)	(-2.42)
Size	0.003	-0.012	0.038**	0.031*	0.014	0.002
	(0.40)	(-0.93)	(2.40)	(1.85)	(0.97)	(0.19)
Big4	0.041	-0.009	-0.087**	0.070	0.058	0.056
	(1.49)	(-0.22)	(-2.35)	(1.28)	(1.29)	(1.39)
SOE	-0.045**	-0.086**	0.026	0.019	0.008	0.003
	(-1.97)	(-2.03)	(0.72)	(0.43)	(0.23)	(0.10)
Seperate	-0.022	0.032	0.137	0.063	0.015	-0.079
	(-0.37)	(0.34)	(1.60)	(0.55)	(0.16)	(-0.91)
Beat	-0.003	-0.000	-0.004	-0.001	0.001	-0.013
	(-0.41)	(-0.00)	(-0.40)	(-0.09)	(0.10)	(-1.21)
Constant	0.041	0.343	-0.939***	-0.737**	-0.354	-0.022
	(0.22)	(1.18)	(-2.75)	(-1.98)	(-1.15)	(-0.08)

续表

样本	应计盈余管理			真实盈余管理		
模型	（1）	（2）	（3）	（4）	（5）	（6）
变量	AbsAM	UpAM	DownAM	RealEM	RealEM1	RealEM2
Firm & Year	控制	控制	控制	控制	控制	控制
Observations	2027	994	1033	2027	2027	2027
R – squared	0.044	0.073	0.101	0.116	0.106	0.092
F	5.774	3.529	5.304	16.39	14.79	12.61

注：括号内为 t 值，***、**、* 分别表示在1%、5%、10%水平上显著（双尾）。

（二）更换盈余管理衡量方法

为保证结果的稳健，本书使用修正后的琼斯模型（Jones，1995）衡量应计盈余管理，表3-9报告了主要回归结果，结果发现，第（1）、第（2）列中，SHTong 系数仍然显著为负，第（4）、第（5）列中，SHTong 系数显著为正，表明股票市场开放降低了应计盈余管理程度，提高了真实盈余管理程度的结论依然成立。

表3-9　更换盈余管理衡量方法的稳健性检验

样本	应计盈余管理			真实盈余管理		
模型	（1）	（2）	（3）	（4）	（5）	（6）
变量	AbsAM	UpAM	DownAM	RealEM	RealEM1	RealEM2
SHTong	– 0.012 *	– 0.022 **	– 0.000	0.024 **	0.022 **	0.015
	（– 1.87）	（– 2.12）	（– 0.05）	（2.03）	（2.21）	（1.62）
Growth	0.017 ***	0.010	– 0.048 ***	– 0.050 ***	– 0.045 ***	– 0.040 ***
	（4.02）	（1.58）	（– 5.98）	（– 5.90）	（– 6.65）	（– 6.46）
ROA	– 0.126 *	0.338 **	0.343 ***	– 1.156 ***	– 0.810 ***	– 0.334 ***
	（– 1.82）	（2.34）	（3.16）	（– 8.61）	（– 7.40）	（– 3.34）
Leverage	– 0.029	0.026	0.009	0.042	0.093 **	– 0.088 **
	（– 1.08）	（0.56）	（0.20）	（0.80）	（2.15）	（– 2.24）
Size	0.006	– 0.001	0.034 **	0.023	0.007	0.002
	（0.69）	（– 0.08）	（2.22）	（1.42）	（0.52）	（0.20）
Big4	0.055 **	0.030	– 0.065 *	0.034	0.020	0.022
	（2.18）	（0.85）	（– 1.69）	（0.68）	（0.49）	（0.61）

续表

样本	应计盈余管理			真实盈余管理		
模型	(1)	(2)	(3)	(4)	(5)	(6)
变量	AbsAM	UpAM	DownAM	RealEM	RealEM1	RealEM2
SOE	−0.036	−0.085*	0.009	0.019	0.008	0.002
	(−1.57)	(−1.90)	(0.24)	(0.42)	(0.21)	(0.06)
Seperate	0.001	0.024	0.066	0.095	0.061	−0.041
	(0.01)	(0.26)	(0.81)	(0.88)	(0.69)	(−0.51)
Beat	−0.004	0.013	0.002	0.004	0.002	−0.011
	(−0.63)	(1.13)	(0.20)	(0.29)	(0.18)	(−1.14)
Constant	−0.017	0.090	−0.828**	−0.549	−0.213	−0.042
	(−0.09)	(0.31)	(−2.49)	(−1.56)	(−0.74)	(−0.16)
Firm & Year	控制	控制	控制	控制	控制	控制
Observations	2317	1126	1191	2317	2317	2317
R − squared	0.040	0.063	0.074	0.109	0.108	0.092
F	5.877	3.370	4.393	17.36	17.21	14.36

注：括号内为 t 值，***、**、*分别表示在 1%、5%、10% 水平上显著（双尾）。

（三）以被调出上证 180 和上证 380 的股票作为对照组

本书以 2014 年 11 月 10 日前被调出上证 180 和上证 380 的股票作为对照组，以沪港通样本为试验组进行双重差分分析以避免控制组样本偏差，表 3 - 10 报告了主要回归结果。结果发现，第（1）、第（2）列中，SHTong 系数仍然显著为负，第（4）、第（5）、第（6）列中，SHTong 系数为正，虽然并不具有统计意义上的显著性，但第（5）、第（6）列 T 值接近 1.65，在一定程度上说明股票市场开放提高真实盈余管理程度。该结果表明，即使更换对照组，股票市场开放降低应计盈余管理并且提高真实盈余管理的结论依然成立。

表 3 - 10 以被调出指数的股票为对照组的稳健性检验

样本	应计盈余管理			真实盈余管理		
模型	(1)	(2)	(3)	(4)	(5)	(6)
变量	AbsAM	UpAM	DownAM	RealEM	RealEM1	RealEM2
SHTong	−0.018**	−0.020*	0.006	0.009	0.014	0.012
	(−2.55)	(−1.71)	(0.57)	(0.66)	(1.26)	(1.23)

续表

样本	应计盈余管理			真实盈余管理		
模型	(1)	(2)	(3)	(4)	(5)	(6)
变量	AbsAM	UpAM	DownAM	RealEM	RealEM1	RealEM2
Growth	0.023 ***	0.016 *	− 0.035 ***	− 0.044 ***	− 0.029 ***	− 0.041 ***
	(5.22)	(1.94)	(− 5.39)	(− 5.08)	(− 4.32)	(− 6.61)
ROA	− 0.133 **	0.197	0.278 ***	− 1.035 ***	− 0.711 ***	− 0.214 **
	(− 2.17)	(1.57)	(3.17)	(− 8.75)	(− 7.58)	(− 2.50)
Leverage	0.029	0.063	0.009	0.038	0.079 *	− 0.019
	(0.97)	(1.17)	(0.22)	(0.66)	(1.74)	(− 0.45)
Size	0.018 **	0.046 ***	0.013	0.023	− 0.015	0.032 **
	(2.02)	(2.72)	(0.99)	(1.31)	(− 1.08)	(2.52)
Big4	− 0.030	− 0.039	0.004	− 0.081 *	− 0.045	− 0.124 ***
	(− 1.31)	(− 1.06)	(0.10)	(− 1.84)	(− 1.29)	(− 3.88)
SOE	− 0.047 **	− 0.038	0.013	− 0.026	− 0.025	− 0.027
	(− 2.44)	(− 1.17)	(0.38)	(− 0.70)	(− 0.85)	(− 1.02)
Seperate	0.001	0.075	0.027	0.015	0.014	0.005
	(0.01)	(0.67)	(0.37)	(0.14)	(0.17)	(0.07)
Beat	− 0.014 **	− 0.005	0.017 *	0.005	0.007	− 0.004
	(− 2.34)	(− 0.44)	(1.92)	(0.43)	(0.80)	(− 0.48)
Constant	− 0.326	− 0.984 ***	− 0.384	− 0.484	0.338	− 0.674 **
	(− 1.61)	(− 2.61)	(− 1.33)	(− 1.24)	(1.09)	(− 2.38)
Firm & Year	控制	控制	控制	控制	控制	控制
Observations	2380	1171	1209	2380	2380	2380
R − squared	0.053	0.089	0.064	0.118	0.124	0.107
F	8.212	5.187	3.851	19.68	20.73	17.65

注：括号内为 t 值，***、**、*分别表示在 1%、5%、10%水平上显著（双尾）。

四、进一步分析

（一）盈余管理成本与盈余管理

臧（2012）研究两类盈余管理的关系时指出，应计盈余管理调整成本较高时，企业倾向于采用真实盈余管理，而真实盈余管理成本较高时，企业则倾向于采用应计盈余管理。股票市场开放后，在应计盈余管理成本较高的公司中，上市公司更倾向于采用真实盈余管理，因此大幅度降低应计盈余管理。在真实盈余管理成本较低的公司中，由于使用了较多的真实盈余管理，股票市场开放后，反而不容易提高真实盈余管理。即在应计盈余管理成本较高或真实盈余管理成本较高时，股票市场开放对盈余管理的作用更强。

为了验证该逻辑，本书借鉴臧（2012）的做法，用营运周转天数①衡量应计盈余管理成本，用市场份额②衡量真实盈余管理成本。营运周转天数越多，越容易调整应计账户，应计盈余管理成本越低；市场份额越高，企业谈判能力越强，影响力越大，进行操控销售、过度生产以及操控费用的成本越小。表3－11报告了盈余管理成本对股票市场开放盈余管理效应的调节作用。第（1）、第（2）列按照营运周转天数的行业年度中值对样本进行分组，探究应计盈余管理成本对股票市场开放效应的作用，结果发现SHTong在第（1）列中的系数1%水平上显著为负，在第（2）中系数不显著，表明营运周转天数越少，即应计盈余管理成本越高，沪港通开通后，标的公司应计盈余管理降低得越多。第（3）、第（4）列按照市场份额大小的行业年度中值对样本进行分组，探究真实盈余管理调整成本对股票市场开放与盈余管理关系的作用，结果发现SHTong在第（3）列中的系数1%水平上显著为正，而在第（4）列中该系数10%水平上显著为负。表明市场份额越小，即真实盈余管理成本越高，股票市场开放对真实盈余管理的作用越强。进一步表明股票市场开放后，上市公司在不同盈余管理类型之间进行了调整。

表3－11　股票市场开放、盈余管理成本与盈余管理

模型	(1)	(2)	(3)	(4)
变量	UpEM		RealEM	
	周转天数少	周转天数多	份额小	份额大
SHTong	-0.046***	-0.015	0.054***	-0.028*
	(-2.88)	(-1.02)	(2.83)	(-1.66)
Growth	0.006	0.024**	-0.046***	-0.046***
	(0.50)	(2.43)	(-3.70)	(-3.67)
ROA	0.171	0.438**	-1.116***	-1.052***
	(0.72)	(2.34)	(-6.31)	(-4.69)

① 营运周转天数 = 365 × （存货 + 应收账款 - 应付账款）/ 销售收入。
② 市场份额 = 销售收入 / 行业销售收入合计值。

续表

模型	(1)	(2)	(3)	(4)
变量	UpEM		RealEM	
	周转天数少	周转天数多	份额小	份额大
Leverage	−0.043	0.015	−0.026	0.135
	(−0.51)	(0.24)	(−0.38)	(1.45)
Size	−0.014	−0.001	0.021	0.027
	(−0.68)	(−0.05)	(0.93)	(1.12)
Big4	0.007	−0.008	0.371***	−0.049
	(0.10)	(−0.16)	(2.71)	(−0.97)
SOE	#NA①	#NA	0.047	−0.139
	#NA	#NA	(0.68)	(−1.61)
Seperate	0.149	0.005	0.452***	0.021
	(1.24)	(0.03)	(2.65)	(0.15)
Beat	−0.008	0.017	−0.018	0.023
	(−0.41)	(1.16)	(−0.89)	(1.39)
Constant	0.398	0.059	−0.462	−0.593
	(0.88)	(0.13)	(−0.94)	(−1.08)
Firm & Year	控制	控制	控制	控制
Observations	493	641	1141	1176
R−squared	0.117	0.077	0.111	0.137
F	2.533	2.394	8.176	10.87

注：括号内为 t 值，***、**、* 分别表示在 1%、5%、10% 水平上显著（双尾）。

（二）股权性质与盈余管理

国有企业承担着较多的政策负担，如解决社会就业、配合国家发展战略等（林毅夫和李志赟，2004），因此政府必须通过大量非经济的政治、行政手段干预国有企业战略制定和经营行为（马连福等，2013；陈仕华等，2014）。另外，国有企业中存在"所有者缺位"问题，导致监督机制缺失，代理成本较高，难以保护小股东利益。因此股票市场开放对盈余管理的作用可能在国有企业更为显著。

----

① 由于模型使用主回归分析，而样本中每个上市公司每个年度股权性质没有变化，故而该值缺失。

但国有企业的政策负担可能导致国有高管对盈余信息的不重视，相对民营企业控制人，国有企业高管的政治人身份导致其通过"掏空"上市公司攫取私有收益的动机较弱（Jiang 等，2010）。不仅如此，国有企业更可能受到社会监督，不利于盈余管理的实施（李培功和沈艺峰，2013）。表 3-7 中 SOE 的系数在第（1）、第（2）列中显著为负，也表明国有企业应计盈余管理程度较低。非国有企业中，控股股东可能具有较强的动机"掏空"上市公司补贴其他公司进而获取私有收益，因此，股票市场开放对盈余管理的作用可能主要体现在非国有企业。

　　为了验证不同股权性质下股票市场开放的作用，本书分别按照国有和非国有上市公司对样本进行了分组对比分析，表 3-12 报告了回归结果。表 3-12 的第（1）、第（2）列报告了不同股权性质的公司中股票市场开放对向上应计盈余管理的作用，第（3）、第（4）列报告了不同股权性质公司中，股票市场开放与真实盈余管理的关系。结果发现第（1）列中 SHTong 系数在 5% 水平上显著为负，第（3）列中，该系数在 10% 水平上显著为正。表明非国有企业中，沪港通运行后，标的公司比其他公司有较低的向上应计盈余管理，较高的真实盈余管理。第（2）、第（4）列中，SHTong 系数并不显著，表明股票市场开放对盈余管理的作用在国有企业中基本不存在。因此，表 3-13 说明股票市场开放对盈余管理的作用主要体现在非国有企业中。这可能说明国有企业高管对盈余管理的操控动机较小，掏空上市公司的动机较弱。

表 3-12　股票市场开放、股权性质与盈余管理

模型	(1)	(2)	(3)	(4)
变量	UpAM		RealEM	
	非国有企业	国有企业	非国有企业	国有企业
SHTong	-0.036**	-0.014	0.030*	-0.005
	(-2.25)	(-1.02)	(1.72)	(-0.31)
Growth	0.019*	0.007	-0.056***	-0.046***
	(1.94)	(0.68)	(-4.84)	(-3.76)
ROA	0.337*	0.406**	-1.109***	-1.175***
	(1.71)	(2.10)	(-6.40)	(-5.22)
Leverage	-0.035	0.072	0.086	0.038
	(-0.56)	(1.07)	(1.24)	(0.43)
Size	-0.013	-0.004	0.002	0.062**
	(-0.76)	(-0.16)	(0.11)	(2.24)

续表

模型	（1）	（2）	（3）	（4）
变量	UpAM		RealEM	
	非国有企业	国有企业	非国有企业	国有企业
Big4	0.004	0.035	0.099	-0.042
	(0.06)	(0.91)	(1.27)	(-0.66)
Seperate	0.164	-0.066	0.239*	-0.154
	(1.21)	(-0.49)	(1.68)	(-0.85)
Beat	0.041**	-0.014	0.004	0.002
	(2.24)	(-1.05)	(0.19)	(0.11)
Constant	0.324	0.090	-0.064	-1.385**
	(0.85)	(0.18)	(-0.14)	(-2.26)
Firm & Year	控制	控制	控制	控制
Observations	627	507	1286	1031
R - squared	0.085	0.082	0.110	0.126
F	2.750	2.189	10.40	9.875

注：括号内为 t 值，***、**、* 分别表示在 1%、5%、10% 水平上显著（双尾）。

五、作用机制

假设 1 提到，股票市场开放可能通过境外投资者的监督、对公司并购的威胁来降低代理成本，影响盈余管理行为。也可能通过上市公司能力的提高以及分析师跟随的增加影响盈余管理。那么股票市场开放到底通过哪种机制影响盈余管理呢？因此，本部分内容试图分析股票市场开放影响盈余管理的机制。

首先，股票市场开放如果能够降低代理成本进而影响盈余管理，那么从经济后果看，应该可以观察到股票市场开放后，代理成本降低。为证明该逻辑，本书试图以销售和管理费用占销售收入的比例衡量代理成本，分析股票市场开放对代理成本的影响。表 3 - 13 第（1）列报告了股票市场开放对代理成本的影响，结果发现股票市场开放后，标的公司代理成本显著降低，表明股票市场开放降低了代理成本。

其次，作为新兴市场，我国上市公司股权结构较为集中，公司有被控股股东侵占利益的风险（斯图斯，2005），如果股票市场开放能够形成监督，可能会降低上市公司的"掏空"现象，本书以其他应收款占总资产的比重衡量上市公司

表 3 - 13　股票市场开放影响盈余管理的机制

模型	（1）	（2）	（3）
	代理成本	关联交易	分析师跟随
SHTong	- 0. 008 **	- 0. 003	0. 071 **
	（ - 2. 46）	（ - 1. 64）	（2. 23）
Growth	- 0. 019 ***	0. 011 ***	- 0. 141 ***
	（ - 8. 09）	（9. 31）	（ - 6. 34）
ROA	- 0. 304 ***	- 0. 033 *	1. 075 ***
	（ - 7. 98）	（ - 1. 78）	（2. 92）
Leverage	- 0. 001	0. 026 ***	- 1. 014 ***
	（ - 0. 09）	（3. 50）	（ - 6. 78）
Size	- 0. 032 ***	0. 002	0. 586 ***
	（ - 6. 96）	（1. 12）	（13. 41）
SOE	0. 016	- 0. 012 **	0. 278 **
	（1. 21）	（ - 1. 97）	（2. 33）
Seperate	0. 088 ***	- 0. 010	0. 165
	（2. 85）	（ - 0. 68）	（0. 57）
Inst	0. 069 ***	0. 008	0. 595 ***
	（2. 86）	（0. 71）	（2. 60）
MToB①			0. 043 ***
			（5. 70）
TurnOver			0. 007
			（1. 57）
Vol			- 1. 063
			（ - 0. 46）
Constant	0. 861 ***	- 0. 043	- 11. 059 ***
	（8. 60）	（ - 0. 89）	（ - 11. 19）
Firm & Year	控制	控制	控制
Observations	2317	2317	2317
R - squared	0. 151	0. 072	0. 203
F	27. 50	12. 05	31. 07

注：括号内为 t 值，*** 、** 、* 分别表示在 1%、5%、10% 水平上显著（双尾）。

---

①　MtoB 为市值比账面价值，TurnOver 为个股交易总除以流通股数，Vol 为年度内股票日回报率的标准差。

的掏空行为，探究股票市场开放对上市公司掏空行为的影响，表 3 - 13 第（2）列报告了分析结果，SHTong 的系数为 - 0.003，t 值为 - 1.64，接近 10% 统计意义上的显著性，在一定程度上表明股票市场开放对上市公司掏空行为的遏制进而可能影响盈余管理行为。

最后，股票市场的开放可能引来更多分析师的关注。因此，本书以分析师跟随人数加 1 取对数衡量分析师跟随程度，探究股票市场开放对分析师跟随的影响。表 3 - 13 第（3）列报告了分析结果，SHTong 的系数为 0.071，且具有 5% 统计意义上的显著性，表明股票市场开放可能提高了分析师跟随人数进而影响上市公司盈余管理，这也与伊拉尼（2016）的研究一致。尽管股票市场开放可能提高了上市公司的能力，进而影响盈余管理行为，但本书却发现股票市场开放并不能提高上市公司业绩，进而表明股票市场开放对盈余管理的作用至少不是通过影响业绩这种机制。笔者认为，目前沪股通实施时间较短，可以解释该结果。

本章小结

本章以沪港通运行为契机，使用 "PSM + DID" 的方法分析了股票市场开放对企业盈余管理行为的影响。

首先，股票市场开放后，境外投资者或分析师跟随的增加可能加强了监督以及信息处理能力，促使上市公司避免进行应计盈余管理。然而境外投资者对内部信息的劣势以及分析师跟随导致的压力可能促使上市公司转向真实盈余管理。本书发现股票市场开放后，应计盈余管理行为降低，真实盈余管理行为提高，表明股票市场开放可能通过境外投资者或分析师监督的增加导致上市公司盈余管理方式的转变。

其次，企业在不同的盈余管理方式之间平衡选择成本最小的方式。应计盈余管理成本较高时，上市公司倾向于采用真实盈余管理。真实盈余管理成本较低时，上市公司前期使用了更多的真实盈余管理，股票市场开放后，反而无法再次提高真实盈余管理。因此，本书发现股票市场开放对应计盈余管理的降低在应计盈余管理较高时显著存在，对真实盈余管理的提高在真实盈余管理较高时显著存在，进一步证实了股票市场开放对不同盈余管理方式的影响。

再次，国有企业的政策负担使国有企业存在预算软约束，管理层对资本市场压力关注不足，国有企业高管的政治身份促使其"掏空"上市公司的动机弱于非国有上市公司。因此，股票市场开放对盈余管理的作用可能主要体现在非国有企业。本书研究发现，股票市场开放对应计盈余管理行为的降低以及真实盈余管理行为的提高确实仅在非国有企业中存在。

最后，为验证股票市场开放是否通过境外投资者对代理成本的降低、对"掏空"行为的遏制以及对分析师跟随的增加影响盈余管理行为，本书分别对股票市场开放与代理成本、关联交易以及分析师跟随的关系展开研究，结果表明股票市场开放确实通过监督降低了代理成本、关联交易以及增加了分析师跟随。

前人对股票市场开放与盈余管理关系的研究时，样本及方法的选取可能会影响结论。另外，前人鲜有探究股票市场开放对真实盈余管理行为的影响，本书利用沪港通这一"准自然试验"，利用"PSM + DID"的方法探究股票市场开放对应计盈余管理以及真实盈余管理的作用，在一定程度对前人文献形成补充。不足之处在于，由于沪港通运行时间较短，本书并未讨论股票市场开放导致的盈余管理方式之间的转换到底对未来业绩的影响是好还是坏。另外，受限于数据，本书也无法讨论股票市场开放后，不同境外投资者持股水平的大小对上市公司盈余管理行为的影响。

第四章　股票市场开放、盈余管理与股价同步性

第一节　问题引出

资本市场利用定价功能实现资源的优化配置。有效的资本市场中，股价能够引导稀缺资源投向最具有"前景"的项目中，同时股价能够判断管理层决策的正确与否，并为管理层决策提供意见（Durnev等，2004）。因此，股票市场对决策的指导作用需要以股价信息含量为基础。相比发达资本市场，新兴市场中散户较多，信息披露制度的缺失以及对私有产权的保护不足，导致股票市场同涨同跌、追涨杀跌的现象严重（Morck等，2000），降低了股票市场的定价效率，不利于资源的优化配置。根据莫克尔等（2000）的统计，我国的股价同步性仅次于波兰，高居世界第二，而资本市场最发达的美国，股价同步性全球最低。因此，探究我国上市公司的股价同步性能够为我国的资本市场定价效率提供理论支持。

国内外众多学者围绕股价同步性展开了研究，但并未得出统一的结论。部分学者指出，股价同步性越高，定价越无效即股票定价无效观。由于特质信息的存在，行业和市场信息并不能完全反映股票定价（Roll，1988），表明股价包含公司特质信息，该信息含量越低，同步性越高，越表明定价不包含特质信息，存在定价的无效。然而也有部分学者指出，股价同步性越高，定价越有效率即股票定价效率观。因为股价同步性低可能代表噪声多（阿什博等，2005）。王亚平等（2009）也提出，我国作为新兴市场国家，噪声较多，股价同步性较高反而反映较高的定价效率，因此导致应计盈余管理程度越低，股价同步性越高。另外，国内外学者还围绕股权结构（Gul等，1990；李增泉，2005；王立章等，2016）、分析师（Chan和Hameed，2006；Piotroski，2011；朱红军等，2007）、媒体（黄

俊和郭照蕊，2014）、政治关联（唐松等，2011）、投资者关注（张鸣等，2013）以及制度背景（游家兴等，2007）展开了股价同步性的研究，提出公司治理等行为影响上市公司股价同步性。

股票市场开放对同步性的影响方面，费尔南德斯和费雷拉（2008）研究发现，发达国家的公司交叉上市能够降低股价同步性，而来自新兴国家的交叉上市反而提高了股价同步性，该文认为，新兴市场中交叉上市后，分析师跟随的增加提高了广泛的市场信息而不是公司特有信息可以解释该现象，该文从交叉上市对分析师影响的角度研究了股价同步性。然而，金和易（2015）对比境内和境外投资者作用时，利用同样为新兴市场的韩国数据却发现境外投资者持股导致更多分析师的跟随，反而降低股价同步性。两者结论完全相反。本书认为，境外投资者的持股具有一定偏好，可能影响境外投资者持股与股价同步性的相关研究结论。我国作为新兴市场，具有投资者保护程度较弱、股权结构较为集中、投资者中散户比例较大等特征。那么，我国的股价同步性反映定价效率还是定价的无效呢？股票市场开放后，能否在一定程度上改善这种局面，进而影响股价同步性呢？本书第三章中提出，股票市场开放后，上市公司应计盈余管理降低，真实盈余管理提高，不同类型盈余管理方式之间的转变在股票市场开放对同步性的影响中扮演何种角色呢？

股票市场开放可能影响上市公司股价同步性。股票市场开放后，具有先进信息分析能力的境外投资者入驻境内股票市场，境外投资者较强的监督能力、较强的投资者保护意识以及来自全球化的先进管理技术和并购威胁可能使上市公司降低代理成本，进行更多的信息披露，进而影响股价同步性。同时，股票市场开放增加了投资者对信息的需求，更多的分析师参与其中，也可能影响股价同步性。2014年11月17日，沪港通开始允许香港地区投资者通过联交所购买部分在上海证券交易所上市的股票，标志着我国的股票市场开放已经踏上了新的征程。沪港通仅选取部分股票作为香港地区投资者的可投资标的，这为探究我国股票市场开放对股价同步性影响的研究提供"准自然试验"机遇，在一定程度上避免内生性问题。基于此，本书以沪港通运行为外生事件，利用"PSM + DID"的方法分析股票市场开放对股价同步性的影响。本书发现：①沪港通运行后，标的股票股价同步性提高，表明股价同步性的股票定价效率观，即股票市场开放后，监督的提升促使高管披露更多信息，降低市场噪声，减少了私有信息的挖掘，提高了股价同步性。②国有企业和非国有企业中这种现象均存在，表明国有企业和非国有企业均可能通过股票市场开放提高了监督，进而提高了定价效率。③股票市场开放对同步性的增加效应仅在控制权与所有权分离较高的样本中显著存在，进一步验证了股票市场开放可能通过降低代理成本进而影响股价同步性的逻辑。④股票市场开放对同步性的增加效应仅在分析师跟随较少的样本中显著存在，表明股票市场开放后分析师跟随的增加不能解释股价同步性的提高。⑤在应计盈余管理较高以及真实盈余管理较高的样本中，股票市场开放后，股价同步性提高，表明股票市场开放后，真实盈余管理的提高降低市场噪声，可以解释股价同步性的提高。应计盈余管理较高的样本中，上市公司代理问题严重，股票市场开放后监督的增加可以解释股价同步性的提高。⑥股票市场开放对股价同步性的提高仅在运营周转天数较多以及市场份额较高的样本中显著存在。第三章提出，运营周转天数越多，应计盈余管理成本越小，股票市场开放对应计盈余管理的降低越少导致应计盈余管理较高。本章又发现较高应计盈余管理样本中，股价同步性提高。因此运营周转天数较多的样本中，股票市场开放导致股价同步性的提高。第三章还提出，市场份额越小，真实盈余管理成本越高，股票市场开放越可能导致真实盈余管理进而导致股价同步性的提高，本书却发现在市场份额较高的样本中，股价同步性显著提高。笔者认为，市场份额较高的公司可能受到更多投资者的关注，进而提高股价同步性可以解释该现象。

本书分析股票市场开放对股价同步性的影响，希望具有如下意义：①利用沪港通运行的"自然试验"很好地解决了股票市场开放对股价同步性影响的研究中可能存在的内生性问题，补充了资本市场开放对股价同步性影响的相关研究。②围绕股票市场开放对股价同步性的研究期望可以为股价同步性的治理和资本市场定价效率的提高提供理论支持。③对股票市场开放与股价同步性的研究为我国的股票市场开放提供理论依据。在中国证监会和香港地区证监会的联合公告中，双方提出希望沪港通能够深化资本市场改革。2016 年 12 月 5 日，深港通正式运行，标志着我国资本市场开放踏上新的征程。沪港通作为资本市场开放的"排头兵"，可以为资本市场的进一步开放提供经验。

本章后续安排如下：第二节进行理论分析并提出研究假设，第三节从样本选择和模型设计及变量选取方面进行研究的设计，第四节进行实证分析，包括样本及变量的描述性统计、主要假设的验证，并探究不同盈余管理方式对股票市场开放效应的影响以及股票市场开放在不同公司特征中对股价同步性的作用。最后得出本章的结论。

第二节 理论分析与假设提出

一、股价同步性的影响因素分析

由于特质信息的存在，行业和市场信息并不能完全反映股票定价（Roll，

1988），表明股价包含公司特质信息，该信息越少，股价同步性越高，越表示定价无效率。新兴市场中，较弱的产权保护降低了投资者挖掘私有信息的动机，进而导致股价同步性提高，表明私有信息越多，股票定价越有效（莫克尔等，2000）。金和迈尔斯（Jin 和 Myers，2006）提出由于信息不透明，外部投资者对市场的反应更强烈，导致股价同步性提高。因此，部分学者开始探究会计信息对股价同步性的作用，赫顿等（2009）以应计盈余管理衡量信息透明度，发现应计盈余管理程度越高，股价同步性越高，表明盈余管理提高了股价同步性。国内部分学者也得出了会计信息质量越高或信息处理成本越低，股价同步性越低的结论（陆瑶和沈小力，2011；史永和张龙平，2014）。

然而也有部分学者指出股价同步性越高，股票定价效率越高。股价同步性低，并不意味着股价中含有的特质信息多，可能表明市场存在噪声（阿什博等，2005）。沃格勒等（2005）提出，调入标普 500 指数的公司，股价同步性较高，表明同步性并不反映公司基本面信息而仅反映投资者认知及行为。信息披露越及时，未来的未预期盈余带来的波动越小，反而导致未来同步性较高（Dasgupta 等，2010）。小规模公司股价融入信息的速度较慢，股价同步性较低（Griffin 等，2010）。帕加诺和施瓦茨（2013）指出，高效率的集合定价后同步性反而提高，也表明同步性反映定价效率高。国内的王亚平等（2009）以及金智（2010）也发现盈余管理程度越高，股价同步性反而越低，反映股价同步性越高，定价效率越高。盈余管理程度越高，可供挖掘的私有信息越多，导致股价同步性越低，而盈余管理较低时，私有信息较少，自然股价与市场或行业一致，股价同步性较高。

不仅会计信息影响股价同步性，股权结构也对股价同步性具有重要影响。李增泉（2005）提出，第一大股东持股比例与同步性呈倒"U"形关系，非第一大股东持股比例与同步性显著负相关，这种现象在国企中更为显著。Gul 等（2010）指出，大股东可以掩盖公司信息获取私有收益，集中的股权结构协调了大股东与小股东的利益，因此大股东股权集中度与上市公司同步性呈显著倒"U"形关系，这一关系在大股东持股比例为 50% 时达到最大值。王立章等（2016）提出，在两权分离度高、股权制衡度低的公司中，内部人倾向于选择隐藏私有信息占有股东收益，导致股价同步性较高。国有企业的融资便利以及政府的干预导致其股价同步性较高。独立董事可能通过对复杂信息的解读降低业务复杂度与股价同步性的正相关关系（张斌和王跃堂，2014）。作为资本市场中介，分析师具有的行业专长可能促使其提供行业特有信息进而提高股价同步性（Chan 和 Hameed，2006），奥特洛斯基（2011）也得出了类似的结论。克劳福德（2009）进一步提出，上市公司的第一个分析师跟随提供了行业及市场层面信息，提高了股价同步性，然而随后的分析师跟随提供特质信息，反而降低股价同步性。国内的学者却发现分析师对私有信息的挖掘降低了股价同步性（朱红军等，2007），女性分析师出众的能力以及谨慎的性格帮助其跟随的公司降低了股价同步性（伊志宏等，2015）。媒体的报道可能提高了上市公司信息披露质量降低股价同步性（黄俊和郭照蕊，2014），微博对非财务性信息的披露也能够降低股价同步性（胡军和王甄，2015）。有政治关联公司的"寻租"活动促使其降低信息透明度，股价同步性较高（唐松等，2011）。与行业名称相关的股票名称传递行业信息，因而使股价同步性较高（张鸣等，2013）。游家兴等（2007）提出，证券市场的制度建设提高了公司透明度，降低了股价同步性。从国有银行贷款的公司，由于预算软约束，不需要披露特质信息，导致同步性较高（王艳艳和于李胜，2013）。

二、股票市场开放与股价同步性

股票市场开放后，上市公司的信息披露受到境外投资者的监督、资本市场的压力以及知识溢出效应的影响。首先，来自发达国家或地区的投资者具有丰富的交易经验，先进的技术分析能力以及较独立的社会网络，具有较强的监督能力。境外较强的法律法规和严格信息披露制度保障了投资者利益的同时也培养了境外投资者较强的法律意识，面临利益侵占时，可能采取法律诉讼保护权益，给管理层构成压力。因而迫使上市公司提高信息披露质量。其次，股票市场开放后，上市公司面临全球性的交易市场，被并购的可能性增加，管理层面临的市场压力增加，可能降低代理成本，进而降低信息隐藏的动机。再次，股票市场开放后，境内资金的外流可能给境内上市公司构成压力，促使上市公司提高自身能力。最后，股票市场开放后，上市公司接触了更先进的知识，便于从能力上提高信息质量，较强的能力导致了较好的业绩也可能提高信息的披露水平。根据股票定价无效观，较高的信息披露可能提高透明度，增加了私有信息，降低股价同步性（金和迈尔斯，2006）。因此，股票市场开放可能导致股价同步性降低。然而，根据股票定价效率观（王亚平等，2009），股票市场开放导致较高的监督水平反而导致上市公司较多的信息披露，降低了可供挖掘的私有信息以及市场噪声，可能会提高股价同步性（王亚平等，2009；金智，2010）。

另外，股票市场开放吸引了更多的分析师加入（蓓等，2006），分析师是富有经验的市场中介机构，长期跟随上市公司，积累了较强的分析能力，可能传递出公司特质信息，金和易（2015）对比境内和境外投资者作用时，利用韩国的数据/分析时发现境外投资者持股导致更多分析师的跟随，反而会降低股价同步性。根据股票定价无效观，股票市场开放后较多的分析师跟随可能降低股价同步性。

根据股票定价效率观，股票市场开放后较多的分析师跟随降低了噪声可能提高股价同步性。另外，部分研究提出由于行业溢出效应的存在，具有行业专长的分析师可能传递公司所在行业的信息，反而提高了股价同步性（Chan 和 Hameed，2006），费尔南德斯和费雷拉（2008）研究发现，发达国家的公司交叉上市能够提高股价信息含量，而来自新兴国家的交叉上市反而降低了股价信息含量，并指出新兴市场中交叉上市后，分析师跟随的增加提高了广泛的市场信息而不是公司特有信息可以解释该现象。因此，股票市场开放影响股价同步性的方向具有不确定性。

作为新兴市场，我国的股票市场在投资者结构、监管体系等方面存在诸多不足，市场上噪声较多，投机问题严重。阿什博等（2005）提出，股价同步性低，并不意味着股价中含有的特质信息多，可能表明市场存在噪声。国内的王亚平等（2009）研究我国盈余管理和同步性的关系时也指出，我国股票市场上同步性反映定价效率。因此，在我国股票市场开放后，境外投资者以及分析师对市场的参与可能降低噪声，反而降低了可供挖掘的私有信息，提高了股价同步性。

基于此，提出：

假设1：股票市场开放提高股价同步性。

三、盈余管理与股票市场开放同步性效应

从股票定价效率观的角度出发，较低的应计盈余管理可能表明市场可供挖掘的私有信息较少，反而导致同步性较高（阿什博等，2005；王亚平等，2009）。我国作为新兴市场，噪声较多，投机问题严重，较低的应计盈余管理可能导致私有信息的减少，进而导致股价包含更多市场和行业信息，股价同步性提高（金智，2010）。因此，较低的应计盈余管理可能导致较高的股价同步性。第三章发现，股票市场开放能够降低应计盈余管理程度。因此，股票市场开放可能通过降低应计盈余管理提高股价同步性。所以，在应计盈余管理较低的样本中，股票市场开放能够提高股价同步性。

真实盈余管理程度较高，表明上市公司牺牲了长远利益，但披露了真实的会计信息。根据股票定价效率的观点，真实盈余管理程度越高，真实的会计信息反而导致股票市场更少的噪声，能够提高股价同步性。具体到我国股票市场，信息透明度较高，股价同步性反而较高（王亚平等，2009），表明我国股票市场上股价同步性反而反映了股票定价效率。因此，较高的真实盈余管理可能导致较高的股价同步性。第三章发现，股票市场开放能够提高真实盈余管理程度。因此，股票市场开放可能通过提高真实盈余管理提高股价同步性。所以，在真实盈余管理较高的样本中，股票市场开放能够提高股价同步性。

基于此，提出：

假设2：应计或真实盈余管理程度不同，股票市场开放对股价同步性的影响不同。

假设2a：应计盈余管理程度较低时，股票市场开放提高股价同步性。

假设2b：真实盈余管理程度较高时，股票市场开放提高股价同步性。

第三节　研究设计

一、样本选取与数据来源

境外投资者对我国上市公司的投资主要通过B股市场、境外上市公司、QFII制度以及沪港通和深港通模式。然而，B股市场是专供境外投资者设立的投资市场，入选B股的上市公司以及监管制度均有特殊性，对该样本进行分析存在很强的内生性问题，再者B股上市公司仅百余家，样本较少，更重要的是伴随着A股市场的发展，B股市场趋于边缘化，得出的结论可能并不具有代表性。境外上市公司也是专为境外资本市场筹资而上市的，其监管要求依赖于上市目的地，利用该类样本分析不利于将理论扩展到境内股票市场。QFII制度允许境外合格机构投资者在境内资本市场进行投资，然而对参与的机构投资者、投资组合中股票所占的比例等均有限制，不利于推广到其他境外投资者对境内资本市场的影响。再者QFII制度基本允许投资所有A股市场，利用QFII持股研究股票市场开放经济后果也存在很强的内生性问题。

2014年11月17日，沪港通正式运行，该制度允许香港地区的投资者通过香港地区经纪商，经过香港地区联交所设立的证券交易服务公司向上海证交所买卖一定范围内的股票。允许境外投资者买入的股票与不被允许买入的股票形成天然的试验组和对照组，便于解决内生性问题，为股票市场开放对上市公司股价同步性影响的研究提供契机。因此，本书围绕沪港通运行事件，采用"PSM + DID"方法分析上市公司的股价同步性。

本书选取2012~2015年4个年度的数据为初始样本，沪股通投资标的为上证180指数成分股、上证380指数成分股以及同时在上海证券交易所和香港地区联交所上市的A + H股公司的A股。上证180成分股的选取主要考虑日均总市值（亿元）以及日均交易量（亿元）、上市时间、行业等，上证380成分股的选取主要考虑净资产收益率、成交额（亿元）、总市值（亿元）以及营业收入增长率、未分配利润以及最近五年发放股利状况以及行业等。为避免标的股票特性对结果产生影响，本书首先对从 CSMAR 数据库获取的样本进行了倾向得分匹配①：①对样本进行简单处理：为避免 B 股和 H 股对结果的影响，将 B 股或 H 股样本剔除；由于金融行业相关指标与监管可能与其他行业不一致，剔除金融行业样本；剔除上市时间不足 1 年的样本；剔除 ST 样本；剔除未分配利润为负的公司；剔除最近五年未发放股利的公司；剔除变量缺失的样本。剩余 8267 个样本。②不同变量的选取导致样本发生变化，故而本书重新对样本分行业和年度分别对上证 180 成分股和上证 380 成分股进行卡尺为 0.01 的 1∶1 无放回匹配。其中上证 180 成分股配对变量为市值和交易量，上证 380 成分股配对变量为市值、交易量、净资产收益率和营业收入增长率。③获取匹配成功后的股票代码对应的每个年度数据，形成总样本 2310 个。④对匹配样本进行平衡面板以及共同支撑检验。

表 4 – 1 报告了倾向得分匹配的平衡面板检验结果。Panel A 中，上证 180 成分股配对后，市值和交易量不存在显著性差异。Panel B 上证 380 成分股配对后，市值、交易量、净资产收益率以及营业收入增长也均不存在显著性差异，表明配对满足平衡面板假设。

表 4 – 1　PSM 后的平衡面板检验

变量	对照组	试验组	S. B（%）	T – Test	P >	T	
Panel A：上证 180 经 PSM 后的平衡面板检验					
市值	156. 630	145. 030	5. 600	0. 670	0. 505
交易量	2. 444	2. 355	4. 500	0. 280	0. 778
Panel B：上证 380 经 PSM 后的平衡面板检验					
市值	115. 110	119. 980	− 5. 600	− 0. 190	0. 852
交易量	3. 754	3. 557	7. 400	0. 270	0. 791
净资产收益率	0. 061	0. 088	− 22. 400	− 0. 600	0. 556
营业收入增长率	0. 060	0. 090	− 10. 500	− 0. 280	0. 780

图 4 – 1 给出了匹配前后样本的 PSCORE 值密度分布，左边为匹配前，右边为匹配后。由图 4 – 1 可知，匹配前试验组的 PSCORE 明显大于对照组。匹配后，对照组 PSCORE 分布向右移动，试验组与对照组 PSCORE 分布基本一致，两者形态接近，表明倾向得分匹配修正了两组样本值的分布偏差，匹配满足共同支撑假设。

---

① 之所以重新进行倾向得分匹配，是因为与第三章在部分变量选择中的不一致可能导致样本存在差异。

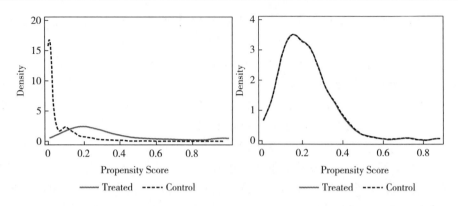

图 4 - 1　配对前后 PScore 密度分布

二、变量定义及模型设计

借鉴德文等（Durven 等，2004）的方法计算股价同步性。首先，设计式
（4 - 1）：

$$Return_{i,t} = \alpha + \beta_1 MarketReturn_t + \beta_2 IndReturn_{j,t} + \varepsilon_{i,t} \tag{4 - 1}$$

其中，$Return_{i,t}$ 为 i 公司第 t 周的股票回报率，$MarketReturn_t$ 为整个市场第 t 周的回报率，$IndReturn_{j,t}$ 为 j 行业第 t 周的行业回报率，根据证监会行业分类标准以行业内所有股票流通市值加权平均计算。

将式（4 - 1）分别按照公司和年度进行回归，获取每个公司年度的拟合值 R^2，然后代入式（4 - 2）计算股价同步性 Syn。

$$Syn_{i,t} = \ln\left(\frac{R_{i,t}^2}{1 - R_{i,t}^2}\right) \tag{4 - 2}$$

为衡量股票市场开放对股价同步性的影响，本书借鉴伯特兰和穆拉尼坦（2003）的研究，利用控制公司和年度的固定效应模型进行双重差分分析，具体如式（4 - 3）所示：

$$Syn_{i,t} = \alpha_i + \alpha_t + \alpha_1 SHTong_{i,t} + Control_{i,t} + \varepsilon_{i,t} \tag{4 - 3}$$

其中，Syn 衡量股价同步性，α_i 为公司固定效应，α_t 为年度固定效应。沪港通变量（SHTong）为虚拟变量，沪港通运行后标的股票取值为 1；否则为 0。

如 A 公司 2014 年为沪港通标的，那么沪港通对该公司股价同步性的影响在 2013 ~ 2014 年的差异如模型（4 - 4）所示：

$$E(Syn_{i,t} | i = A, t = 2014) - E(Syn_{i,A} | i = A, t = 2013) = \alpha_{2014} - \alpha_{2013} + \alpha_1 \tag{4 - 4}$$

A 公司的对照组 A - 公司的股价同步性在 2014 ~ 2013 年的差异如模型（4 - 5）所示：

$$E(Syn_{i,t}|i = A-, t = 2014) - E(Syn_{i,t}|i = A-, t = 2013) = \alpha_{2014} - \alpha_{2013} \quad (4-5)$$

因此，考虑对照组后，沪港通对股价同步性的影响为模型（4-4）减去模型（4-5），如模型（4-6）所示：

$$E(Syn_{i,t}|i = A, t = 2014) - E(Syn_{i,t}|i = A, t = 2013) - (E(Syn_{i,t}|i = A-,$$
$$t = 2014) - E(Syn_{i,A}|i = A-, t = 2013)) = \alpha_1 \quad (4-6)$$

因此，α_1 可以衡量沪港通对股价同步性的影响程度，当 α_1 系数显著为正，表明股票市场开放提高了股价同步性，否则结论相反。其他变量定义如表 4-2 所示。为避免样本异常值对结果可能造成的影响，连续变量均进行了上下 5% 的 Winsorize 处理。

表 4-2　变量定义

变量		变量定义
被解释变量	Syn	股价同步性
解释变量	SHTong	沪港通后，成为标的为 1；否则为 0
控制变量	Growth	年度销售收入增长率
	Leverage	资产负债率
	Size	总资产的自然对数
	Analyst	分析师跟随人数加 1 取对数
	Big4	是否国际四大事务所审计，是取 1；否则为 0
	AbsAM	应计盈余管理的绝对值｜DA｜
	SOE	国有上市公司取 1；否则为 0
	Seperate	实际控制人拥有的控制权与所有权之差
	Inst	机构投资者持股比例
	TurnOver	年度换手率 = 年度交易股数除以流通股数

第四节　实证分析

一、描述性统计

表 4-3 报告了样本的描述性统计结果。其中，股价同步性最小值为 -4.077，最大值为 0.477，差异较大。SHTong 均值为 0.256，基本接近 25% 表明样本基本

合理，之所以不是25%是因为部分上市公司某年度数据缺失导致。SOE 均值为 0.469，表明国有企业占样本的比重为46.9%。Seperate 均值为 0.051，最大值为 0.213，说明我国可能存在控股股东"掏空"现象。TurnOver 均值为 4.976，最小值为 1.25，最大值为 13.166，表明我国上市公司整体换手率偏高，这可能与我国股票市场上"散户"较多以及投机为主的理念有关。

表 4 - 3　变量描述性统计

变量	均值	标准差	最小值	中值	最大值
Syn	- 1.071	1.205	- 4.077	- 0.836	0.477
SHTong	0.256	0.436	0.000	0.000	1.000
Growth	0.129	0.256	- 0.296	0.091	0.856
Leverage	0.476	0.200	0.103	0.486	0.801
Size	22.391	1.000	20.304	22.338	24.162
Analyst	2.266	1.015	0.000	2.485	3.584
Big4	0.027	0.162	0.000	0.000	1.000
AbsAM	0.062	0.060	0.004	0.043	0.239
SOE	0.469	0.499	0.000	0.000	1.000
Seperate	0.051	0.074	0.000	0.000	0.213
Inst	0.055	0.051	0.000	0.040	0.172
TurnOver	4.976	3.176	1.250	4.157	13.166

表 4 - 4 报告了沪港通开通后标的样本（SHTong = 1）和其他样本（SHTong = 0）不同变量之间存在的差异。结果表明：相比非标的样本，沪港通运行后标的样本同步性提高。另外，两个样本在成长性、负债率以及股权性质等方面均存在显著性差异。

表 4 - 4　变量差异性检验

变量	SHTong = 0		SHTong = 1		均值 T 检验	中值 Z 检验
	均值 （N = 1719）	中值 （N = 1719）	均值 （N = 591）	中值 （N = 591）		
Syn	- 1.074	- 0.837	- 1.060	- 0.826	- 0.014	- 0.852
Growth	0.140	0.103	0.098	0.061	0.042 ***	3.812 ***
Leverage	0.470	0.481	0.495	0.493	- 0.025 ***	- 2.427 **

续表

变量	SHTong = 0		SHTong = 1		均值 T 检验	中值 Z 检验
	均值 （N = 1719）	中值 （N = 1719）	均值 （N = 591）	中值 （N = 591）		
Size	22.273	22.221	22.737	22.728	− 0.464***	− 9.730***
Analyst	2.294	2.485	2.185	2.303	0.109**	2.959***
Big4	0.023	0.000	0.037	0.000	− 0.014*	− 1.811*
AbsAM	0.065	0.045	0.053	0.038	0.012***	3.610***
SOE	0.439	0.000	0.555	1.000	− 0.116***	− 4.865***
Seperate	0.051	0.000	0.053	0.000	− 0.002	0.689
Inst	0.053	0.039	0.059	0.045	− 0.006**	− 3.559***
TurnOver	4.665	3.817	5.880	5.25	− 1.215***	− 9.177***

注：***、**、*分别表示在1%、5%、10%水平上显著（双尾）。均值检验采用比较 T 检验，中值检验采用非参数 Wilcoxon 符号秩检验。

表4 - 5 报告了主要变量的相关系数表。由表4 - 5 可知，SHTong 与 Syn 相关系数为正，但并无统计意义上的显著性，然而并未控制其他变量的情况下，并不能说明股票市场开放不影响股价同步性。Growth 与 Syn 相关系数显著为负，表明了成长性与股价同步性的显著负相关关系。Leverage、Size 与 Syn 相关系数显著正，表明资产负债率、规模与股价同步性的显著正相关关系。SOE 与 Syn 相关系数为0.17，且在1%水平上显著，可能表明国有公司同步性较高。

表4 - 5　主要变量相关系数

变量	Syn	SHTong	Growth	Leverage	Size	Analyst	Big4	AbsAM	SOE
SHTong	0.005	1.000							
Growth	− 0.108***	− 0.071***	1.000						
Leverage	0.107***	0.056***	0.053**	1.000					
Size	0.241***	0.203***	0.037*	0.594***	1.000				
Analyst	0.014	− 0.047**	0.075***	− 0.127***	0.236***	1.000			
Big4	0.052**	0.038*	− 0.004	0.096***	0.172***	0.050**	1.000		
AbsAM	− 0.056***	− 0.087***	0.169***	0.105***	0.008	− 0.066***	0.012	1.000	
SOE	0.170***	0.101***	− 0.106***	0.266***	0.284***	− 0.101***	0.053**	− 0.024	1.000

注：***、**、*分别表示在1%、5%、10%水平上显著（双尾）。

二、对假设 1 的检验

(一) 股票市场开放与股价同步性关系分析

为检验假设 1，本书使用控制公司和年度固定效应的模型（4－3）来分析股票市场开通与股价同步性之间的关系。表4－6 报告了主要分析结果。第（1）列只控制了公司和年度固定效应；第（2）列在第（1）列的基础上控制了公司特征的控制变量；第（3）列添加了信息中介分析师与审计师变量；第（4）列添加了股权性质、两权分离度、机构投资者持股比例以及股票换手率变量。从第（1）～第（4）列，R^2 值逐渐增大，表明添加的变量有效，导致拟合效果越来越好。第（4）列中，SHTong 系数为 0.178，且在 5% 水平上显著为正，表明相比非标的，沪港通开通后标的股票股价同步性提高。表明股票市场开放后，股价同步性增大，假设 1 得以证明。表明了股票市场开放提高股价同步性，验证了股价同步性的定价效率观，较多的公开信息降低了可供挖掘的私有信息，降低了市场噪声，反而导致股票价格融入更多行业或市场信息，股价同步性提高，与王亚平等（2009）以及金智（2010）的结论一致。

表4－6　股票市场开放与股价同步性

模型	(1)	(2)	(3)	(4)
SHTong	0.143 **	0.148 **	0.157 **	0.178 **
	(2.01)	(2.08)	(2.20)	(2.53)
Growth		− 0.226 **	− 0.245 ***	− 0.203 **
		(− 2.49)	(− 2.68)	(− 2.25)
Leverage		− 0.981 ***	− 1.103 ***	− 1.201 ***
		(− 3.07)	(− 3.40)	(− 3.72)
Size		0.368 ***	0.426 ***	0.398 ***
		(3.79)	(4.19)	(3.95)
Analyst			− 0.114 **	− 0.080
			(− 2.11)	(− 1.49)
Big4			0.145	0.200
			(0.41)	(0.58)
AbsAM			0.426	0.470
			(1.12)	(1.25)
SOE				0.373
				(1.61)

续表

模型	(1)	(2)	(3)	(4)
Seperate				-0.925
				(-1.34)
Inst				-2.075***
				(-3.45)
TurnOver				-0.062***
				(-6.36)
Constant	-1.287***	-8.985***	-10.001***	-8.260***
	(-35.99)	(-4.20)	(-4.55)	(-3.70)
Firm & Year	控制	控制	控制	控制
Observations	2310	2310	2310	2310
R - squared	0.487	0.494	0.496	0.511
F	405.7	237.9	167.5	127.0

注：括号内为 t 值，***、**、* 分别表示在 1%、5%、10% 水平上显著（双尾）。

值得注意的是，第（3）列中，Analyst 的系数在 5% 水平上显著为负，说明分析师跟随越多，股价同步性反而越低，表明分析师通过跟随上市公司传递公司特质信息降低股价同步性。

（二）股权性质对股价同步性效应的影响

国有企业承担着较多的政策负担，如解决社会就业问题、配合国家发展战略等（林毅夫和李志赟，2004），因此政府必须通过大量非经济的政治、行政手段干预国有企业战略制定和经营行为（马连福等，2013；陈仕华等，2014）。这种政府干预可能损害小股东利益，进而促使国有企业隐藏信息。不仅如此，国有企业中存在的"所有者缺位"问题，导致监督机制缺失，因此国有企业存在较高的代理成本，难以保护小股东利益。国有上市公司管理层有较强的动机和能力隐藏消息，攫取私有收益（陈和袁，2004）。股票市场开放后，境外投资者对国内股票市场的监督可能提高国有企业的信息披露水平。根据股价同步性的定价效率观，股票市场开放后，透明的信息反而降低了可供挖掘的私有信息及市场噪声，提高股价同步性。

为了验证该逻辑，本书分别按照国有和非国有上市公司对样本进行了分组分析，表4-7第（1）列、第（2）列报告了回归结果。结果发现第（1）列中 SHTong 系数在 10% 水平上显著为正，第（2）列中，该系数也在 10% 水平上显著为正。表明无论是国有企业还是非国有企业，沪港通运行后，标的公司股价同步性均提高了。说明国有公司中，股票市场开放对透明度的提高导致股价同步性的提高。结合前一章中发现的国有企业并不操控盈余的结论，可以得知，股票市场开放后，国有企业并不操控盈余，但可能改善了其他信息。这可能是因为国有企业本身噪声较多，股票市场开放能够降低国有企业噪声进而提高股价同步性。非国有企业中，内部人强烈的攫取私有收益动机以及对资本市场的需求促使高管在股票市场开放后披露更多信息，降低市场噪声，提高股价同步性。

表4-7　股权性质、两权分离以及分析师跟随对同步性效应的影响

变量 \ 模型	(1)	(2)	(3)	(4)	(5)	(6)
	股权性质		Seperate		Analyst	
	Non-SOE	SOE	小	大	少	多
SHTong	0.197 *	0.167 *	0.114	0.286 **	0.191 *	0.168
	(1.84)	(1.71)	(1.21)	(2.51)	(1.72)	(1.62)
Growth	-0.223 *	-0.195	-0.429 ***	0.021	-0.041	-0.373 **
	(-1.72)	(-1.52)	(-3.54)	(0.15)	(-0.32)	(-2.56)
Leverage	-0.795 *	-1.395 ***	-2.080 ***	-0.438	-1.054 **	-1.066 **
	(-1.73)	(-2.77)	(-4.67)	(-0.82)	(-2.18)	(-2.09)
Size	0.336 **	0.472 ***	0.565 ***	0.379 **	0.180	0.528 ***
	(2.38)	(3.01)	(3.93)	(2.05)	(1.25)	(2.94)
Analyst	-0.089	-0.051	-0.108	-0.019	-0.124 *	0.016
	(-1.15)	(-0.68)	(-1.43)	(-0.23)	(-1.78)	(0.11)
Big4	-0.135	0.357	0.716	-0.001	0.017	-0.059
	(-0.26)	(0.75)	(1.30)	(-0.00)	(0.02)	(-0.12)
AbsAM	0.737	-0.103	0.598	0.627	0.645	0.220
	(1.36)	(-0.20)	(1.18)	(1.04)	(1.13)	(0.39)
SOE	#NA①	#NA	0.108	0.222	-0.067	0.408
	#NA	#NA	(0.27)	(0.44)	(-0.19)	(1.10)
Seperate	-0.392	-1.568	7.252	-0.569	-0.677	-1.809
	(-0.40)	(-1.45)	(0.75)	(-0.43)	(-0.64)	(-1.59)
Inst	-2.849 ***	-1.263	-2.078 ***	-2.903 ***	0.015	-3.654 ***
	(-3.12)	(-1.56)	(-2.75)	(-2.63)	(0.01)	(-4.24)
TurnOver	-0.053 ***	-0.084 ***	-0.064 ***	-0.079 ***	-0.076 ***	-0.047 ***
	(-3.93)	(-5.53)	(-4.76)	(-4.98)	(-5.39)	(-2.87)

①　由于模型使用固定效应，而样本中年度股权性质没有变化，故而该值缺失。

续表

模型 变量	(1)	(2)	(3)	(4)	(5)	(6)
	股权性质		Seperate		Analyst	
	Non – SOE	SOE	小	大	少	多
Constant	−7.013**	−9.479***	−11.443***	−8.255**	−3.165	−11.428***
	(−2.35)	(−2.70)	(−3.69)	(−2.05)	(−1.00)	(−2.98)
Firm & Year	控制	控制	控制	控制	控制	控制
Observations	1227	1083	1313	997	1094	1216
R – squared	0.521	0.516	0.543	0.505	0.521	0.513
F	73.71	64.77	77.44	49.58	56.38	60.68

注：括号内为 t 值，***、**、*分别表示在 1%、5%、10%水平上显著（双尾）。

（三）两权分离和分析师跟随对股价同步性效应的影响

股票市场开放后，股价同步性提高，表明我国股价同步性反映定价效率。为进一步证明该结论，笔者将样本按照控制权与所有权分离度的行业年度中值区分为两组，两权分离程度较高的样本中，控制人有更强的动机隐藏消息，也有更强的"掏空"动机。股票市场开放对这类样本中的信息披露作用更强，表 4 – 7 第（3）列、第（4）列报告了该结果。第（4）列中，SHTong 的系数为 0.286，且在 5%水平上显著为正，而第（3）列中，SHTong 的系数并不显著。表明股票市场开放对股价同步性的提高作用仅在两权分离度较高的样本中存在，进一步证明了股票市场开放通过提高信息披露导致股价同步性的提高。

作为资本市场的信息中介，分析师可以利用丰富的分析经验和较强的分析能力传递公司特质信息（金和易，2015），进而使股票市场开放后股价同步性地降低。然而，分析师也可能产生行业溢出效应传递公司所在行业信息，进而提高股价同步性（Chan 和 Hameed，2006）。为了验证不同分析师跟随环境下股票市场开放对股价同步性的影响，本书按照分析师跟随人数的行业年度中值将样本区分为两组。表 4 – 7 第（5）、第（6）列报告了分析结果。第（5）列中 SHTong 的系数在 10%水平上显著为正，而第（6）列中，该系数和对应的 t 值均较小。表明分析师跟随越少，股票市场开放越能提高股价同步性。因为分析师跟随较少时，市场噪声较多，私有信息较多，股票市场开放通过监督作用提高了公开信息，降低了私有信息，导致股价同步性提高。结合第三章的结论，股票市场开放后分析师跟随人数增加，本部分内容可以说明股票市场开放对股价同步性的提高并不能由分析师跟随的增加来解释。

三、对假设 2 的检验

(一) 盈余管理与同步性效应分析

为验证假设 2，笔者分别按照应计盈余管理和真实盈余管理程度的行业年度中值将样本区分为两组，观察不同样本中股票市场开放对股价同步性的作用。表 4-8 报告了不同应计盈余管理程度下股票市场开放对股价同步性的作用。第（1）列、第（2）列按照应计盈余管理绝对值的行业年度中值将样本区分为大小两组，第（3）列、第（4）列按照上调的应计盈余管理程度的行业年度中值将样本区分为大小两组。

表 4-8 第（2）列中，SHTong 系数为 0.303，且具有 5% 统计意义上的显著性，而在第（1）列中，该系数对应的 t 值和系数值均较小。该变量在第（4）列中的系数值和 t 值均大于第（3）列对应的数值。表明股票市场开放对股价同步性的提高仅体现在应计盈余管理程度较高的样本中，假设 2a 并未得以证明。表明股票市场开放对应计盈余管理的降低并不能解释股价同步性的提高。这可能是因为较高的应计盈余管理程度表明上市公司具有较强的隐藏信息动机，故而股票市场开放能够通过提高其他信息的披露进而提高股价同步性。

表 4-8 应计盈余管理对同步性效应的影响

模型 变量	(1)	(2)	(3)	(4)
	AbsAM		UpAM	
	小	大	小	大
SHTong	0.085	0.320 ***	− 0.163	0.192
	(0.74)	(2.67)	(− 0.70)	(0.88)
Growth	− 0.013	− 0.335 **	− 0.397	− 0.250
	(− 0.08)	(− 2.44)	(− 1.14)	(− 1.01)
Leverage	− 1.420 **	− 0.629	− 2.638 *	0.586
	(− 2.21)	(− 1.29)	(− 1.94)	(0.60)
Size	0.543 ***	0.387 **	0.610	0.496 *
	(2.74)	(2.58)	(1.28)	(1.73)
Analyst	− 0.077	0.042	− 0.426 **	0.079
	(− 0.83)	(0.49)	(− 2.25)	(0.53)
Big4	#NA①	0.194	#NA	− 0.139
	#NA	(0.40)	#NA	(− 0.18)

---

① 由于 Big4 在该样本中全部为 0，故而该变量系数缺失。

续表

模型	(1)	(2)	(3)	(4)
变量	AbsAM		UpAM	
	小	大	小	大
AbsAM	2.079	1.121 *	1.111	2.058 *
	(1.57)	(1.79)	(0.45)	(1.84)
SOE	0.243	0.791 **	2.010 **	-0.546
	(0.62)	(2.01)	(2.32)	(-0.49)
Seperate	0.296	-3.565 ***	-0.616	0.592
	(0.24)	(-3.17)	(-0.25)	(0.27)
Inst	-1.031	-2.161 **	0.624	-0.710
	(-1.02)	(-2.18)	(0.31)	(-0.44)
TurnOver	-0.079 ***	-0.042 **	0.008	-0.087 ***
	(-4.68)	(-2.55)	(0.20)	(-2.72)
Constant	-11.535 ***	-8.811 ***	-12.720	-11.617 *
	(-2.65)	(-2.71)	(-1.23)	(-1.86)
Firm & Year	控制	控制	控制	控制
Observations	1140	1170	536	574
R – squared	0.527	0.493	0.527	0.502
F	50.91	42.94	13.26	15.34

注：括号内为 t 值，***、**、* 分别表示在 1%、5%、10% 水平上显著（双尾）。

表 4-9 报告了不同真实盈余管理状况下，股票市场开放对股价同步性的影响。第（1）列、第（2）列以 RealEM 的行业年度中值为分组依据，第（3）列、第（4）列以 RealEM1 的行业年度中值为分组依据，第（5）列、第（6）列以 RealEM2 的行业年度中值为分组依据。第（2）列中，SHTong 系数为 0.205，且具有 10% 统计意义上的显著性，而第（1）列中该值对应的系数和 t 值均较小。第（6）列中 SHTong 的系数和 t 值也大于第（5）列中相应数值。虽然第（4）列中 SHTong 的系数为 0.182，且 t 值为 1.64，接近统计意义上的显著性，而第（3）列中 SHTong 的系数较小，t 值也较小。表明真实盈余管理程度较高的样本中，股票市场开放对股价同步性的影响显著存在。假设 2b 成立。表明股票市场开放通过提高真实盈余管理程度提高股价同步性。因为，据股票定价效率的观点，真实盈余管理程度越高，真实的会计信息导致股票市场更少的噪声，反而能够提高股价同步性。

表4-9　真实盈余管理对同步性效应的影响

模型	(1)	(2)	(3)	(4)	(5)	(6)
变量	RealEM		RealEM1		RealEM2	
	小	大	小	大	小	大
SHTong	0.156	0.205*	0.113	0.182	0.133	0.268**
	(1.36)	(1.86)	(0.96)	(1.64)	(1.15)	(2.48)
Growth	-0.226	-0.086	-0.269	-0.028	-0.434***	-0.026
	(-1.43)	(-0.62)	(-1.61)	(-0.20)	(-2.78)	(-0.20)
Leverage	-1.177**	-1.226**	-1.522***	-1.738***	-0.604	-1.681***
	(-2.19)	(-2.41)	(-2.68)	(-3.40)	(-1.12)	(-3.42)
Size	0.157	0.397**	0.402**	0.451**	0.281*	0.447***
	(0.95)	(2.34)	(2.24)	(2.56)	(1.67)	(2.67)
Analyst	0.022	-0.094	-0.073	-0.109	-0.014	-0.144*
	(0.24)	(-1.18)	(-0.76)	(-1.33)	(-0.15)	(-1.83)
Big4	0.055	0.207	-0.044	0.251	0.232	0.042
	(0.11)	(0.37)	(-0.08)	(0.45)	(0.40)	(0.09)
AbsAM	0.550	0.812	0.530	0.061	-0.127	1.072*
	(0.83)	(1.36)	(0.80)	(0.10)	(-0.19)	(1.82)
SOE	0.427	0.072	0.351	0.289	0.622*	-0.074
	(1.26)	(0.15)	(1.00)	(0.59)	(1.87)	(-0.17)
Seperate	-0.108	0.140	-1.296	0.251	-1.761	-0.273
	(-0.09)	(0.14)	(-1.11)	(0.23)	(-1.56)	(-0.27)
Inst	-3.171***	-1.214	-3.096***	-1.224	-2.617**	-1.701*
	(-3.11)	(-1.35)	(-2.92)	(-1.33)	(-2.57)	(-1.89)
TurnOver	-0.054***	-0.063***	-0.057***	-0.062***	-0.055***	-0.072***
	(-3.23)	(-4.18)	(-3.15)	(-4.08)	(-3.23)	(-4.88)
Constant	-3.300	-8.137**	-8.213**	-9.200**	-6.143*	-8.822**
	(-0.93)	(-2.14)	(-2.13)	(-2.37)	(-1.70)	(-2.37)
Firm & Year	控制	控制	控制	控制	控制	控制
Observations	1144	1166	1143	1167	1144	1166
R-squared	0.515	0.531	0.524	0.516	0.507	0.545
F	50.22	55.29	51.69	51.75	49.53	59.75

注：括号内为t值，***、**、*分别表示在1%、5%、10%水平上显著（双尾）。

（二）盈余管理成本与同步性效应分析

上文发现股票市场开放对股价同步性的提高在较高的向上盈余管理以及较高的真实盈余管理下更显著。那么，盈余管理成本是否影响股票市场开放对股价同步性的影响呢？运营周转天数较多时，应计盈余管理成本较小，导致股票市场开放对应计盈余管理的降低较少，可能会导致应计盈余管理较高，表4-9表明应计盈余管理较高时，股票市场开放越能够提高股价同步性。因此，股票市场开放对股价同步性的提高效应可能在营运周转天数较多时显著存在。市场份额较小时，真实盈余管理成本较大，根据前文的发现，在市场份额较小的样本中，股票市场开放导致更多的真实盈余管理，而表4-9表明真实盈余管理较高时，股票市场开放对股价同步性的提高更多，因此市场份额较小的样本中，股票市场开放更可能提高股价同步性。

为了验证以上逻辑，本书按照营运周转天数以及市场份额行业年度中值将样本区分为两组探究股票市场开放对股价同步性的影响。表4-10报告了相关结果。第（2）列中SHTong的系数在5%水平上显著为正，而第（1）列中该系数并不显著，表明股票市场开放仅在营运周转天数较多即应计盈余管理成本较小的样本中提高股价同步性。这与应计盈余管理成本较小，股票市场开放对应计盈余管理的降低较少导致应计盈余管理较高的逻辑一致。

表4-10第（4）列中SHTong系数在1%水平上显著为正，该系数在第（1）列中并不显著，表明股票市场开放仅能在市场份额较大即真实盈余管理成本较小的样本中提高股价同步性。这与真实盈余管理成本较高，股票市场开放导致较多的真实盈余管理进而导致股价同步性提高的逻辑并不一致。笔者认为，股票市场开放后，市场份额较高的公司更可能受到更多投资者的关注，进而提高股价同步性可以解释该现象。

表4-10 盈余管理成本对同步性效应的影响

模型	（1）	（2）	（3）	（4）
变量	营运周转天数		市场份额	
	少	多	小	大
SHTong	-0.178	0.485**	0.088	0.336***
	(-0.96)	(2.41)	(0.84)	(3.32)
Growth	-0.321	-0.387	-0.169	-0.185
	(-1.30)	(-1.63)	(-1.33)	(-1.28)
Leverage	-0.963	-0.654	-1.023**	-1.468***
	(-0.94)	(-0.74)	(-2.26)	(-2.80)

续表

模型	（1）	（2）	（3）	（4）
变量	营运周转天数		市场份额	
	少	多	小	大
Size	0.704**	0.479*	0.426***	0.381**
	(2.06)	(1.73)	(2.68)	(2.47)
Analyst	-0.070	-0.081	-0.053	-0.093
	(-0.49)	(-0.55)	(-0.74)	(-1.07)
Big4	1.007	-0.658	-0.184	0.453
	(0.88)	(-0.89)	(-0.37)	(0.87)
AbsAM	0.296	0.616	0.544	0.885
	(0.29)	(0.62)	(1.03)	(1.55)
SOE	0.101	0.659	-0.257	0.869***
	(0.11)	(0.79)	(-0.67)	(2.74)
Seperate	0.044	-3.449	-0.077	-0.489
	(0.03)	(-1.31)	(-0.06)	(-0.55)
Inst	-0.684	1.204	-2.551***	-1.507*
	(-0.44)	(0.77)	(-2.92)	(-1.70)
TurnOver	-0.076**	-0.066**	-0.046***	-0.080***
	(-2.54)	(-2.35)	(-3.40)	(-5.17)
Constant	-15.075**	-10.532*	-8.808***	-8.168**
	(-1.97)	(-1.71)	(-2.61)	(-2.37)
Firm & Year	控制	控制	控制	控制
Observations	537	573	1156	1154
R-squared	0.577	0.496	0.547	0.491
F	21.22	18.95	68.50	55.91

注：括号内为 t 值，***、**、*分别表示在 1%、5%、10% 水平上显著（双尾）。

四、稳健性检验

（一）更换倾向得分匹配方法

为保证结果的稳健，本书将倾向得分匹配卡尺从 0.01 缩小到 0.005，表 4 - 11 报告了对假设 1 和假设 2 的回归分析结果。第（1）列报告了检验假设 1 的回归结果，SHTong 的系数为 0.176，且在 5% 水平上显著为正，表明更换倾向得分匹配卡尺后，股票市场开放仍然提高上市公司股价同步性。第（2）~第（5）列报告了检验假设 2 的回归结果。第（3）列中，虽然 SHTong 的系数并不具有显著性，但 T 值仍较高，使该系数接近 10% 统计意义上的显著性，而第（2）列中，SHTong 系数对应 T 值较低，表明股票市场开放对同步性的提高更可能出现在应计盈余管理程度较高的样本中。第（5）列中，SHTong 的系数显著为正，该系数在第（4）列并不显著，表明股票市场开放对同步性提高的作用仅在真实盈余管理程度较高时存在，与本书的结论一致。通过该稳健性检验保证了本书结论的可靠性。

表 4 – 11　更换倾向得分匹配方法的稳健性检验

模型	（1）	（2）	（3）	（4）	（5）
变量	同步性	AbsAM		RealEM	
		小	大	小	大
SHTong	0.176**	0.123	0.187	0.129	0.210*
	(2.30)	(1.00)	(1.44)	(1.02)	(1.74)
Growth	-0.178*	-0.001	-0.227	-0.231	0.017
	(-1.86)	(-0.00)	(-1.55)	(-1.33)	(0.11)
Leverage	-1.421***	-1.718**	-1.013*	-1.400**	-1.429***
	(-4.07)	(-2.57)	(-1.95)	(-2.38)	(-2.60)
Size	0.409***	0.716***	0.340**	0.215	0.391**
	(3.82)	(3.41)	(2.19)	(1.16)	(2.22)
Analyst	-0.155***	-0.255**	0.033	-0.078	-0.213**
	(-2.66)	(-2.45)	(0.37)	(-0.78)	(-2.47)
Big4	0.016	-0.752	-0.026	-0.102	0.006
	(0.04)	(-0.76)	(-0.05)	(-0.18)	(0.01)
AbsAM	0.609	2.638*	1.418**	0.296	1.213*
	(1.50)	(1.82)	(2.12)	(0.40)	(1.87)
SOE	0.106	0.113	0.252	-0.046	0.196
	(0.43)	(0.27)	(0.65)	(-0.14)	(0.41)
Seperate	-0.530	0.696	-2.816**	0.483	0.656
	(-0.73)	(0.51)	(-2.41)	(0.38)	(0.62)
Inst	-1.515**	-1.894*	-0.588	-3.447***	-0.363
	(-2.32)	(-1.78)	(-0.55)	(-3.03)	(-0.37)
TurnOver	-0.064***	-0.081***	-0.035**	-0.060***	-0.069***
	(-5.99)	(-4.39)	(-2.01)	(-3.27)	(-4.25)

续表

模型	(1)	(2)	(3)	(4)	(5)
变量	同步性	AbsAM		RealEM	
		小	大	小	大
Constant	−8.140***	−14.703***	−7.504**	−3.995	−7.793**
	(−3.44)	(−3.20)	(−2.24)	(−1.00)	(−1.99)
Firm & Year	控制	控制	控制	控制	控制
Observations	1924	936	988	938	986
R−squared	0.521	0.553	0.495	0.539	0.530
F	109.9	42.63	36.91	44.16	46.73

注：括号内为 t 值，***、**、*分别表示在1%、5%、10%水平上显著（双尾）。

（二）以被调出上证180和上证380的股票作为对照组

本书还以2014年11月10日前被调出上证180和上证380的股票作为对照组对样本进行 DID 分析，表4−12报告了对假设1和假设2的回归分析结果。第（1）列中，SHTong 的系数在5%水平上显著为正，表明更换样本组后，股票市场开放依然能够提高股价同步性。第（2）～第（5）列报告了针对假设2的回归分析结果，第（3）列、第（5）列中，SHTong 的系数在5%水平上显著为正，表明股票市场开放对股价同步性的提高在应计盈余管理较高以及真实盈余管理较高时显著存在，与上文结论一致。

表4−12 以被调出指数的股票为对照组的稳健性检验

模型	(1)	(2)	(3)	(4)	(5)
变量	同步性	AbsAM		RealEM	
		小	大	小	大
SHTong	0.200**	0.195	0.311**	0.192	0.276**
	(2.44)	(1.39)	(2.21)	(1.15)	(2.38)
Growth	−0.120	−0.145	−0.235*	−0.144	−0.052
	(−1.29)	(−0.86)	(−1.67)	(−0.84)	(−0.38)
Leverage	−0.621*	−0.891	0.281	−1.128*	−0.724
	(−1.82)	(−1.35)	(0.56)	(−1.86)	(−1.35)
Size	0.146	0.389*	0.081	0.120	0.227
	(1.28)	(1.69)	(0.44)	(0.63)	(1.20)

续表

模型	(1)	(2)	(3)	(4)	(5)
变量	同步性	AbsAM		RealEM	
		小	大	小	大
Analyst	−0.060	−0.106	0.017	−0.022	−0.020
	(−1.14)	(−1.12)	(0.20)	(−0.22)	(−0.26)
Big4	0.046	−0.173	0.111	0.097	−0.161
	(0.17)	(−0.28)	(0.28)	(0.27)	(−0.34)
AbsAM	−0.077	0.927	0.372	−0.226	−0.271
	(−0.20)	(0.84)	(0.57)	(−0.34)	(−0.45)
SOE	0.549**	0.486	0.613**	0.075	1.154***
	(2.48)	(1.06)	(2.03)	(0.19)	(3.39)
Seperate	−0.420	0.641	−1.349	−0.473	−0.246
	(−0.61)	(0.53)	(−1.24)	(−0.44)	(−0.22)
Inst	−1.569**	−1.365	−2.123**	−2.373**	−2.212**
	(−2.52)	(−1.30)	(−2.02)	(−2.28)	(−2.30)
TurnOver	−0.044***	−0.031	−0.062***	−0.033*	−0.053***
	(−4.08)	(−1.62)	(−3.50)	(−1.72)	(−3.28)
Constant	−3.216	−8.600*	−2.518	−2.261	−5.366
	(−1.27)	(−1.70)	(−0.62)	(−0.54)	(−1.28)
Firm & Year	控制	控制	控制	控制	控制
Observations	2380	1218	1162	1162	1218
R−squared	0.431	0.443	0.425	0.428	0.448
F	95.52	37.65	32.10	36.56	42.23

注：括号内为 t 值，***、**、*分别表示在 1%、5%、10% 水平上显著（双尾）。

（三）控制指数效应

前期研究指出，上市公司入选为指数成分股后，可能存在指数效应，即入选为成分股的上市公司股价大幅提高（Shleifer，1986）。这种效应可能影响上市公司股价同步性。为避免指数效应可能对结果造成的影响，本书选取沪深 300 成分股中的深市上市公司为对照组，沪深 300 成分股中的沪市上市公司并且为沪港通标的的公司为试验组，保证试验组与对照组均为指数成分股，一定程度上控制指数效应。表4－13报告了主要回归结果。第（1）列中，SHTong的系数在5%水平上显著为正，表明控制指数效应后，股票市场开放依然能够提高股价同步性。第（2）～第（5）列报告了针对假设2的回归分析结果，第（3）列中，SHTong的系数值级T值较第（2）列中对应的值高，一定程度上表明股票市场开放对股价同步性的提高在应计盈余管理程度较高时存在。第（5）列中，SHTong的系数在1%水平上显著为正，而第（4）列中，SHTong的系数并不具有统计意义上的显著性，表明股票市场开放对股价同步性的提高在真实盈余管理较高时显著存在。说明控制指数效应后，股票市场开放对股价同步性影响的结论仍然与上文一致。

表4－13　控制指数效应的稳健性检验

模型	（1）	（2）	（3）	（4）	（5）
变量	同步性	AbsAM		RealEM	
		小	大	小	大
SHTong	0.238**	0.139	0.245	0.015	0.523***
	(2.10)	(0.72)	(1.13)	(0.08)	(2.91)
Growth	−0.038	−0.249	0.462	−0.185	0.115
	(−0.23)	(−0.89)	(1.60)	(−0.67)	(0.45)
Leverage	−1.105*	−1.882*	−0.805	−1.016	−1.647*
	(−1.81)	(−1.72)	(−0.77)	(−0.94)	(−1.66)
Size	0.053	0.536*	−0.230	−0.132	0.260
	(0.32)	(1.65)	(−0.76)	(−0.53)	(0.88)
Analyst	−0.048	−0.281	0.121	−0.032	0.067
	(−0.41)	(−1.36)	(0.57)	(−0.12)	(0.43)
Big4	0.321	0.174	0.246	0.501	−0.831
	(1.12)	(0.34)	(0.46)	(1.30)	(−1.09)
AbsAM	0.382	0.449	0.261	1.352	−0.425
	(0.64)	(0.33)	(0.24)	(1.13)	(−0.49)
SOE	0.931**	0.653	1.732	0.491	2.272***
	(2.03)	(1.05)	(1.61)	(0.61)	(2.81)
Seperate	−0.824	0.959	−0.073	−0.674	0.977
	(−0.80)	(0.49)	(−0.04)	(−0.44)	(0.57)
Inst	−1.386	0.472	1.373	−4.533**	0.609
	(−1.19)	(0.23)	(0.69)	(−2.33)	(0.32)
TurnOver	−0.065***	−0.036	−0.062*	−0.069*	−0.069**
	(−3.43)	(−1.06)	(−1.96)	(−1.95)	(−2.38)

续表

模型	(1)	(2)	(3)	(4)	(5)
变量	同步性	AbsAM		RealEM	
		小	大	小	大
Constant	-1.354	-11.566	4.193	3.191	-7.200
	(-0.35)	(-1.57)	(0.59)	(0.55)	(-1.02)
Firm & Year	控制	控制	控制	控制	控制
Observations	940	496	444	427	513
R-squared	0.369	0.395	0.363	0.470	0.363
F	28.68	12.75	9.074	15.18	12.47

注：括号内为 t 值，***、**、* 分别表示在 1%、5%、10% 水平上显著（双尾）。

本章小结

本书以沪港通运行为外生事件，利用"PSM + DID"的方法分析股票市场开放对股价同步性的影响以及盈余管理对两者之间关系的作用。

首先，股票市场开放后，上市公司受到境外投资者的监督，缓解了委托代理问题，可能提高了公开信息披露水平，进一步导致市场上可供挖掘的私有信息降低，市场噪声降低，股票价格融入更多市场和行业信息，因此股价同步性提高。

其次，股票市场开放对股价同步性的提高在国有以及非国有企业中均存在。国有企业监督机制的缺失导致其存在较高的代理成本，高管可能为了政治动机而隐藏部分信息，而股票市场开放提高了公开信息披露，导致股价同步性的提高。非国有企业中控股股东"掏空"动机的存在也使其隐藏信息，股票市场开放缓解了"掏空"问题，降低了可供挖掘的私有信息及市场噪声，导致股价同步性提高。

再次，股票市场开放对股价同步性的提高仅在较高的控制权与所有权分离的样本中以及较少的分析师跟随的样本中显著存在。因为，控制权与所有权分析较高的样本中，代理问题严重，股票市场开放的监督作用在这类样本中作用强烈进而导致股价同步性的提高。分析师跟随较少的样本中，市场噪声较多，股票市场开放能够在这类样本中促使市场上私有信息的减少，反而提高股价同步性。第三章提出股票市场开放后分析师跟随的增加，然而本部分内容表明股票市场开放对股价同步性的提高并不能由分析师跟随的增加解释。

最后，较高的应计盈余管理表明上市公司隐藏私有信息的动机较强，股票市场开放在这类样本中的监督作用更显著，故而能够显著提高应计盈余管理较高样本的股价同步性。较高的真实盈余管理能够表明市场私有信息较少，股价同步性较高。因此，股票市场开放可以通过提高真实盈余管理导致股价同步性较高。另外，第三章提出，运营周转天数越多，应计盈余管理成本越小，股票市场开放对应计盈余管理的降低越少导致应计盈余管理较高。本章又发现较高应计盈余管理样本中，股价同步性提高。因此运营周转天数较多的样本中，股票市场开放导致股价同步性的提高。第三章还提出，市场份额越小，真实盈余管理成本越高，股票市场开放越可能导致真实盈余管理进而导致股价同步性的提高，然而本书却发现在市场份额较高的样本中，股价同步性显著提高。笔者认为，市场份额较高的公司更可能受到更多投资者关注，进而提高股价同步性可以解释该现象。

前期关于股票市场开放与股价同步性的研究并未得出一致的结论，并且可能存在一定程度上的内生性问题，本研究利用我国的沪港通运行为契机，利用"PSM + DID"方法深入讨论了股票市场开放可能对股价同步性产生的影响，补充了股票市场开放对股票定价效率的相关研究。另外，本书对股价同步性的探究也可以为股票定价效率的研究提供经验证据。然而，限于数据，本书无法进一步分析股票市场开放后，境外投资者持股比例对股价同步性的影响。

第五章 股票市场开放、盈余管理与投资效率

第一节 问题引出

第三章指出，股票市场开放缓解了代理冲突，降低了控股股东的"掏空"行为，增加了分析师的跟随，使上市公司降低了应计盈余管理，转而进行更多的真实盈余管理。第四章进一步探讨了股票市场开放对资本市场定价的影响，那么股票市场开放是否影响实体经济呢？投资是公司重要的财务管理行为之一，投资效率的高低直接影响上市公司未来价值，因而受到学术界和实务界的广泛关注。前期研究提出，由于信息不对称的存在，上市公司可能存在投资不足，即放弃净现金流为正的项目（Myers 和 Majluf，1984）。由于代理问题，上市公司也可能存在过度投资，即投资于净现金流为负的项目（詹森和梅克林，1986）。这两种投资的低效率不利于资源的优化配置，降低上市公司业绩。

股票市场开放可能影响上市公司投资行为。前期部分文献探讨了资本账户开放后投资金额的变化，从宏观层面和国际资本流动层面上证实了资本市场开放对投资的影响。亨利（2000）研究发现，股票市场开放后，私人投资增加，并指出股票市场开放后，资本成本降低可以解释该现象。杰米尔（2009）提出，资本账户开放后，环境不确定性的增加促使公司更多转向短期金融类投资，避免进行长期固定资产的投资。加林多（2005）利用单位资本的收益衡量投资效率，发现发展中国家的资本市场开放提高了本国整个市场的投资效率。微观层面上，米顿（2006）利用来自 28 个国家的 1100 个公司样本发现，股票市场开放给企业提供了新的融资渠道，改进了公司治理机制，导致上市公司投资的增加，但该文并未考虑股票市场开放对企业投资效率的影响。国内的覃家琦和邵新建（2015）提

出，我国的 H + A 股是先在监管较严格的香港地区上市，然后选择在大陆 A 股上市，政府干预程度较高，因而导致更低的资本配置效率和公司价值。然而 H 股的投资效率毕竟是政府干预的产物，那么微观层面上，真正意义上的股票市场开放对公司投资效率有无影响呢？

股票市场开放可能影响上市公司投资效率。股票市场开放后，具有较独立的投资角色、较先进的监督能力以及较高投资者保护意识的境外投资者可能对上市公司形成监督，进而降低高管的自利行为，避免了高管过度投资。另外，境外投资者对控股股东"掏空"行为的遏制可能在一定程度上降低上市公司融资约束，避免投资不足。再者，股票市场开放后，较多分析师的跟随加强了市场监督，也可能影响上市公司管理层的投资决策。第三章提到，股票市场开放后，上市公司降低了应计盈余管理信息，提高了真实盈余管理行为，这种盈余管理方式的转变也可能影响资本市场上资金的流动或实体经济中的投资决策，比如上市公司减少的部分可操控性费用尽管增加了真实盈余管理，但却可能导致投资的减少。因而股票市场开放可能从监督以及盈余管理方面影响上市公司投资效率。

2014 年 11 月 17 日，沪港通开始允许香港地区投资者可以通过联交所购买在上海证券交易所上市的股票，标志着我国的股票市场开放已经踏上了新一轮的征程。沪港通仅选取部分股票作为可投资标的，这为探究我国股票市场开放对上市公司投资效率的影响提供了"准自然试验"的契机，能够一定程度上避免内生性问题。基于此，本书以沪港通运行为外生事件，利用"PSM + DID"的方法分析股票市场开放对上市公司投资效率的影响。本书发现：①沪港通运行后，标的股票过度投资现象有所降低，表明股票市场开放抑制了企业过度投资。②过度投资降低的现象仅在独立董事比例较低、控股权和所有权分离程度较低以及分析师跟随较多的样本中存在，表明沪港通运行通过遏制高管自利以及提高分析师跟随形成的监督提高了投资效率，但沪港通运行并不能通过降低"掏空"行为降低过度投资，因为减少的控股股东利益的攫取反而可能利于高管过度投资行为。③股票市场开放对过度投资的抑制效用在非国有企业中显著存在，在国有企业中不存在，国有企业预算软约束的存在可能解释该现象。④操控费用的真实盈余管理程度越高以及向上的应计盈余管理越低，沪港通越能降低过度投资，表明股票市场开放后，上市公司操控费用进行真实盈余管理的同时反而降低了过度投资。较低的应计盈余管理不利于公司融资，同时降低了管理层自利动机进而导致过度投资的降低。⑤股票市场开放对过度投资的抑制作用仅在运营周转天数较多或市场份额较低的样本中显著存在。市场份额较小，真实盈余管理成本较高，结合第三章的结论，股票市场开放能够大量提高真实盈余管理进而抑制过度投资可以解释真实盈余管理成本较高的样本中，股票市场开放对过度投资的抑制作用。然而，运营周转天数较多，应计盈余管理成本较低，结合第三章的结论，股票市场开放并不能够通过降低应计盈余管理程度进而降低过度投资。笔者认为，较高运营周转天数便于上市公司进行过度投资，股票市场开放通过监督大幅降低这类样本中的过度投资可以解释该现象。⑥融资约束较大的样本中，沪港通运行后，标的公司反而存在更多的投资不足现象。这可能与标的公司本身融资约束程度较大，股票市场开放后压力的增加反而加剧了管理层投资决策中的"短视"行为有关。

本书探究股票市场开放对公司投资效率的影响，希望具有如下意义：①从微观决策层面探究股票市场开放对公司投资效率的影响，补充了股票市场开放影响投资行为的相关文献，拓展了股票市场开放对企业行为的研究。②从股票市场开放角度分析上市公司的投资决策，补充了上市公司投资领域相关文献，也为上市公司的决策行为提供理论借鉴。③本书对股票市场开放与上市公司投资效率的研究为我国的股票市场开放提供理论依据。在中国证监会和香港地区证监会的联合公告中，双方提出希望沪港通能够深化资本市场改革。2016 年 12 月 5 日，深港通正式运行，标志着我国的股票市场开放开始了新的征程。沪港通作为股票市场开放的"排头兵"，可以为资本市场的进一步开放提供经验。

本章后续安排如下：第二节进行理论分析并提出研究假设，第三节从样本选择和模型设计及变量选取方面进行研究设计，第四节进行实证分析，包括样本及变量的描述性统计、主要假设的验证，并探究股票市场开放对投资效率的影响机制。最后得出本章的结论。

第二节　理论分析与假设提出

一、投资效率的影响因素分析

由于管理层的"帝国构建"动机，管理层可能将稀缺资源投向净现金流为负的项目，不利于公司价值最大化的实现，导致过度投资（Jensen，1986）。Richardson（2003）提出，由于代理问题的存在，存在较多自由现金流的企业倾向于进行过度投资。另外，厌恶风险的高管可能拒绝了投资净现金流为正的项目，导致投资不足（Holmstrom 和 Weiss，1982）。进行投资需要管理层付出较多努力，管理层可能选择偷懒而避免付出（Lambert，1986）。贝特朗和穆拉尼坦（2003）也指出，管理层为了享受宁静的生活而避免投资。后期部分学者从信息和公司治理的角度探究了投资效率。

财务报告质量通过引导市场资源配置影响投资，财务报告质量较差时，市场可能过高估计财务状况导致投资低效（Bar – Gill 和 Bebchuk，2002）。布什曼等（Bushman 等，2007）提出，及时确认会计损失减少了资源的获取，能够抑制过度投资行为。高质量的财务报告减少了信息不对称程度，减少了资源配置中的逆向选择（比德尔等，2009）。李青原（2009）也提出，高质量的会计信息便于资本市场融资导致公司过度投资和投资不足现象较少。朱松和夏冬林（2010）也发现会计稳健性较高不便于上市公司融资，导致投资不足，过度投资现象也不能得以缓解。非财务信息缓解融资约束，可能降低投资不足，也可能导致过度投资（程新生等，2012）。会计信息能够识别投资项目、发挥治理作用并且降低融资约束（刘慧龙等，2014）。韩静等（2014）也指出，会计稳健性降低了融资能力导致投资不足。

　　另外，高质量的报告便于通过监督降低代理成本，提高投资效率。会计信息质量降低了股东和管理层之间的信息不对称程度，提高投资效率（Biddle 和 Hilary，2006），Mcnichols 和 Stubben（2008）提出，投资决策依靠信息中对未来成长性的判断，但进行了过多盈余管理的公司，其信息不可靠，误导了管理层可能导致投资低效行为。威尔第（2009）指出，会计信息质量与过度投资和投资不足均呈显著负相关关系。高质量的分析师报告通过监督提高了投资效率，这种结果在信息不对称程度较高或机构投资者持股比例较低时更显著（陈等，2017）。

　　公司的股权安排以及治理机制可能影响上市公司投资决策。控制权与所有权的分离便于上市公司控股股东利用控制权获取私利，导致过度投资（俞红海等，2010）。国有企业中，政府干预和管理层自利均能导致过度投资，但两者相互制约能够降低过度投资（白俊和连立帅，2014）。国企高管可能为避免政治风险而导致投资不足，也可能为晋升导致上市公司过度投资（金宇超等，2016）。覃家琦和邵新建（2016）提出，我国交叉上市公司由于受到政府干预，反而具有较低的投资效率。靳庆鲁等（2015）指出，放松卖空使坏消息及时融入股价中，迫使大股东监督管理层，因而面临较差的投资机会时，投资效率提高。陈运森和谢德仁（2011）指出，独立董事的社会网络提高了其监督和建议的功能，进而提高了投资效率。

　　公司薪酬计划、内部控制等也可能影响投资效率。管理层市场的压力可能提高投资效率（辛清泉等，2007a），高管薪酬激励设计不合理时，高管可能基于私利动机进行过度投资（辛清泉等，2007b）。吕长江和张海平（2011）也提出，股权激励计划协调了管理层与股东的利益，降低了公司投资不足和过度投资现象。EVA 考核指标的使用对资本成本进行核算，迫使企业投资考虑资本成本，因而降低过度投资（刘凤委和李琦，2013）。李万福等（2011）指出，较低的内部控制质量不能缓解代理问题，还可能对企业带来错误决策，因而加剧了过度投资和投资不足现象。上市公司披露内控缺陷前，信息质量较差，逆向选择和道德风险导致存在投资不足或过度投资，但披露内控缺陷后，信息质量提高，投资效率提高（Cheng 等，2013）。张超和刘星（2015）提出内部控制缺陷的公司中，管理层决策权力较大，导致过度投资。制度环境变迁影响上市公司投资，境外上市通过制度绑定能够降低信息不对称程度，提高投资效率（李培馨等，2012）。戈什和范（2015）也指出，交叉上市公司更多的资本支出、并购活动以及更多的研发支出。史洛夫等（2012）提出外部信息环境好时，海外投资与当地机会更相关，表明投资效率更高。金融自由化提高了资源的配置效率（钟娟等，2013）。良好的契约环境促进了合同执行顺利，降低交易成本，进而导致长期投资提高（杨畅等，2014）。李延喜等（2015）也提出，当地的法制水平对投资者的保护和金融市场发展的促进提高了投资效率。此外，上市公司基于外部盈利的压力可能采取"短视"行为，导致公司投资不足（王菁和程博，2014）。喻坤等（2014）提出，国企投资效率高于非国有企业，非国企的融资约束能够解释该现象，而货币政策能够缓解该现象。

二、股票市场开放与投资效率

股票市场开放后，上市公司的决策受到境外投资者的监督、资本市场的压力、知识溢出效应以及分析师的影响。①发达国家或地区的投资者具有丰富的交易经验，先进的技术分析能力以及较为独立的社会网络，具有较强的监督能力。境外较强的法律法规和严格信息披露制度保障了投资者利益的同时也培养了境外投资者较强的法律意识，面临利益侵占时，可能采取法律诉讼手段维护权益，给管理层构成压力，可能降低代理成本。前期研究提出，代理问题导致的管理层"帝国构建"动机可能导致过度投资（Jensen，1986）。另外，厌恶风险或偷懒的高管可能导致投资不足（Holmstrom 和 Weiss，1985；Lambert，1986；贝特朗和穆拉尼坦，2003）。因此，股票市场开放通过监督对代理问题的降低能够促使管理层进行更有效的投资决策。②股票市场开放后，上市公司面临全球性的交易市场，被并购的可能性增加，管理层面临的市场压力增加，高管可能面临较高的压力，致力于更好地提高上市公司价值，这种通过市场对代理成本的降低也可以提高投资效率。③股票市场开放后，上市公司接触了更先进的知识，高管可能及时更新决策方法，有更多地投资机遇。便于投资效率的提高。④股票市场开放后，境内资金的外流可能给境内上市公司构成压力，促使上市公司提高自身能力。⑤股票市场开放吸引了更多的分析师加入（蓓等，2006），分析师是富有经验的市场中介机构，长期跟随上市公司，积累了较强的分析能力。分析师报告通过监督提高了投资效率（陈等，2017）。因此，股票市场开放对分析师跟随的增加也可能提高投资效率。

基于此，提出：

假设1：股票市场开放提高了投资效率。

假设1a：股票市场开放抑制了过度投资。

假设1b：股票市场开放改善了投资不足。

三、盈余管理与股票市场开放投资效应

高质量的财务报告能够通过融资约束管理层的帝国构建动机，进而抑制过度投资和导致进一步的投资不足。较高质量的财务报告降低了公司融资机会，导致投资不足或抑制过度投资（Bar – Gill 和 Bebchuk，2002）。另外，高质量的报告便于通过监督降低代理成本，提高投资效率。会计信息质量降低了股东和管理层之间的信息不对称程度，提高投资效率（Biddle 和 Hilary，2006）。高质量的分析师报告通过监督提高了投资效率，这种结果在信息不对称程度较高或机构投资者持股比例较低时更显著（陈等，2016）。

第三章研究发现，股票市场开放降低了应计盈余管理程度，较低的应计盈余管理可能不利于上市公司融资（Bar – Gill 和 Bebchuk，2002）。较低的融资可能抑制过度投资或导致更严重的投资不足。因此，从融资角度看，股票市场开放抑制了过度投资或导致投资不足。另外，较低的应计盈余管理程度降低了代理成本，可能抑制过度投资或投资不足（Biddle 和 Hilary，2006）。因此，股票市场开放可能抑制过度投资，然而股票市场开放对投资不足的作用具有不确定性。

真实盈余管理操控的手段之一便是降低可操控性异常费用。可操控性费用类型的真实盈余管理较高表明上市公司为了短期业绩进行了"短视"的投资行为，因此可能意味着较少的投资。这可能降低过度投资现象，但也可能导致投资不足的加剧。因此，股票市场开放后，对费用的操控可能抑制了过度投资但也可能加剧投资不足。

基于此，提出：

假设2：应计盈余管理程度较低或操控异常费用类的真实盈余管理较高时，股票市场开放影响投资效率。

假设2a：应计盈余管理程度较低时，股票市场开放抑制了过度投资，但对投资不足的影响具有不确定性。

假设2b：操控异常费用类的真实盈余管理较高时，股票市场开放抑制了过度投资，加剧了投资不足。

第三节　研究设计

一、样本选取及数据来源

境外投资者对我国上市公司的投资主要通过 B 股市场、境外交叉上市公司、QFII 制度以及沪港通和新运行的深港通。然而，B 股市场是专为境外投资者设立的投资市场，入选 B 股的上市公司以及监管制度均有特殊性，对该样本进行分析存在很强的内生性问题，再者 B 股上市公司仅百余家，样本较少，更重要的是伴随着 A 股市场的发展，B 股市场趋于边缘化，较为边缘化的市场得出的结论可无法普及到 A 股市场。境外交叉上市公司也是专为在境外资本市场筹资而上市的，其监管要求依赖于上市目的地，利用该类样本分析不利于将理论扩展到境内股票市场。QFII 制度允许境外合格机构投资者在境内资本市场进行投资，然而对参与的机构投资者、投资组合中股票所占的比例等均有限制，不利于推广到其他境外投资者对境内资本市场的影响。再者，QFII 制度基本允许投资所有 A 股市场，利用 QFII 持股比例研究投资效率也存在很强的内生性问题。

2014 年 11 月 17 日，沪港通正式运行，该制度允许香港地区的投资者通过香港地区的经纪商，经过香港地区联交所设立的证券交易服务公司向上海证交所买卖一定范围内的股票。允许境外投资者买入的股票与不被允许买入的股票形成天然的试验组和对照组，便于解决内生性问题，为股票市场开放对上市公司决策行为的提供契机。因此，本书围绕沪港通运行事件，采用"PSM + DID"方法分析上市公司的投资效率。

本书选取了 2012～2015 年 4 个年度的数据为初始样本，沪股通中，香港地区投资者的可投资标的为上证 180 指数成分股、上证 380 指数成分股以及同时在上海证券交易所和香港地区联交所上市的 A + H 股公司的股票。上证 180 成分股的选取主要考虑日均总市值（亿元）以及日均交易量（亿元）、上市时间、行业等，上证 380 成分股的选取主要考虑净资产收益率、成交额（亿元）、总市值（亿元）以及营业收入增长率、未分配利润以及最近五年发放股利状况以及行业等。为避免标的股票特性对结果产生影响，本书首先对来自 CSMAR 数据库的样本进行了倾向得分匹配[①]：①对样本进行了简单处理：为避免 B 股

---

① 因选取的变量与第三章或第四章不一致，所以此处重新进行了倾向得分匹配。

和 H 股对结果的影响，将 B 股或 H 股样本剔除；由于金融行业相关指标与监管可能与其他行业不一致，剔除金融行业样本；剔除上市时间不足 1 年的样本；剔除 ST 样本；剔除未分配利润为负的公司；剔除最近五年未发放股利的公司；剔除变量缺失的样本。剩余 8028 个样本。②不同变量的选取导致样本发生变化，故而本书重新对样本分行业和年度分别对上证 180 成分股和上证 380 成分股进行卡尺为 0.01 的 1 : 1 无放回匹配。其中上证 180 成分股配对变量为市值和交易量，上证 380 成分股配对变量为市值、交易量、净资产收益率和营业收入增长率。③获取匹配成功后的股票代码每个年度数据，形成 873 个过度投资样本和 1298 个投资不足样本。④对匹配样本进行平衡面板以及共同支撑检验。

表 5 - 1 报告了倾向得分匹配的平衡面板检验结果。Panel A 中，上证 180 成分股配对后，市值和交易量不存在显著性差异。Panel B 中，上证 380 成分股配对后，市值、交易量、净资产收益率以及营业收入增长也均不存在显著性差异，表明配对满足平衡面板假设。

表 5 - 1　PSM 后的平衡面板检验

变量	对照组	试验组	S. B（%）	T - Test	P >	T	
Panel A：上证 180 经 PSM 后的平衡面板检验					
市值	152.900	136.850	7.700	0.950	0.343
交易量	2.410	2.424	- 0.700	- 0.040	0.968
Panel B：上证 380 经 PSM 后的平衡面板检验					
市值	120.360	147.780	- 30.300	- 0.970	0.340
交易量	3.796	4.267	- 18.000	- 0.620	0.537
净资产收益率	0.064	0.070	- 4.900	- 0.140	0.889
营业收入增长率	0.083	0.028	0.100	0.570	0.572

图 5 - 1 给出了匹配前后样本的 PSCORE 值密度分布，左边为匹配前，右边为匹配后。由图 5 - 1 可知，匹配前试验组的 PSCORE 明显大于对照组。匹配后，对照组 PSCORE 分布向右移动，试验组与对照组 PSCORE 分布基本一致，两者形态接近，表明倾向得分匹配修正了两组样本值的分布偏差，匹配满足共同支撑假设。

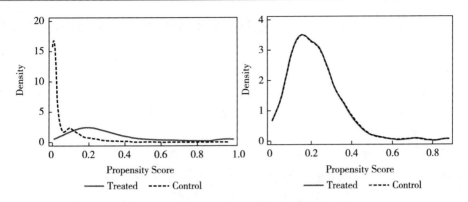

图 5 - 1　配对前后 PSCORE 密度分布

二、变量定义及模型设计

借鉴里查德森（Richardson，2006）的方法计算投资效率。设计如式（5 - 1）所示：

$$\text{Inv}_{i,t} = \alpha + \beta q_{i,t-1} + \varepsilon_{i,t} \tag{5-1}$$

其中，$\text{Inv}_{i,t}$ 为 i 公司第 t 年的投资，以本年度固定资产、无形资产、在建工程以及长期投资四类资产的增加值除以上年度总资产衡量，$q_{i,t-1}$ 代表投资机会，用 i 公司第 t - 1 年度的托宾 Q 值衡量。将式（5 - 1）分别按照行业和年度进行回归，获取每个行业年度的 α 和 β 的估计数，分别以 a 和 b 代替，然后将每个公司实际的 Inv 以及 q 代入式（5 - 2），计算残差，即异常投资效率值 DInv，当该值大于零时定义为过度投资（Over），该值小于零时定义为投资不足（Under），以 Dinv 乘以 - 1 衡量。

$$\text{DInv}_{i,t} = \frac{\text{Inv}_{i,t}}{\text{Asset}_{i,t-1}} - (a + bq_{i,t-1}) \tag{5-2}$$

为衡量股票市场开放对投资效率的影响，本书借鉴伯特兰和穆拉尼坦（2003）的研究，利用控制公司和年度的固定效应模型进行双重差分分析，具体如式（5 - 3）所示：

$$\text{Over}_{i,t}/\text{Under}_{i,t} = \alpha_i + \alpha_t + \alpha_1 \text{SHTong}_{i,t} + \text{Control}_{i,t-1} + \varepsilon_{i,t} \tag{5-3}$$

其中，α_i 为公司固定效应，α_t 为年度固定效应。沪港通变量（SHTong）为虚拟变量，沪港通运行后的标的股票取值为 1，否则为 0。

比如，A 公司 2014 年为沪港通标的，那么沪港通对该公司过度投资的影响在 2013 ~ 2014 年的差异如式（5 - 4）所示：

$$E(\text{Over}_{i,t} \mid i = A, t = 2014) - E(\text{SOver}_{i,A} \mid i = A, t = 2013) = \alpha_{2014} - \alpha_{2013} + \alpha_1$$

$$\tag{5-4}$$

A 公司的对照组 A － 公司的过度投资在 2013 年与 2014 年之间的差异如式 (5 － 5) 所示：

$$E(Over_{i,t}|i=A-,t=2014)-E(Over_{i,t}|i=A-,t=2013)=\alpha_{2014}-\alpha_{2013}$$

$$(5-5)$$

因此，考虑对照组后，沪港通对过度投资的影响为模型（5 － 4）减去模型（5 － 5），如式（5 － 6）所示：

$$E(Over_{i,t}|i=A,t=2014)-E(Over_{i,t}|i=A,t=2013)-$$
$$(E(Over_{i,t}|i=A-,t=2014)-E(Over_{i,A}|i=A-,t=2013))=\alpha_1 \quad (5-6)$$

因此，α_1 可以衡量沪港通对过度投资的影响程度，当 α_1 系数显著为正，表明沪港通加剧过度投资或投资不足；否则相反。其他变量定义如表 5 － 2 所示。此外，为避免样本异常值对结果可能造成的影响，连续变量均进行了上下 5% 的 Winsorize 处理。

表 5 – 2　变量定义

变量		变量定义
被解释变量	Over	过度投资，大于零的 DInv
	Under	投资不足，小于零的 DInv 乘以 － 1
解释变量	SHTong	沪港通运行后的标的为 1，否则为 0
控制变量	Growth	年度销售收入增长率
	Size	总资产的自然对数
	Leverage	资产负债率
	CFO	经营活动产生的现金流占总资产的比重
	ROA	总资产收益率
	GF	管理费占销售收入比重
	SOE	国有上市公司取 1，否则为 0
	Seperate	实际控制人拥有的控制权与所有权之差
	Inst	机构投资者持股比例
	BoardSize	董事会人数取对数
	Independence	独立董事占董事会总人数的比例

第四节　实证分析

一、描述性统计

表5-3报告了样本的描述性统计结果。其中，Over 最小值为 0.003，最大值为 0.505，标准差达到 0.126，表明不同上市公司过度投资差异较大。Under 最小值为 0.004，最大值为 0.165，标准差较小，代表投资不足的差异较小。SHTong 均值为 0.258，接近 25%，表明样本基本合理，之所以不是 25% 是因为部分上市公司某年度数据缺失导致。GF 均值为 0.045，代表管理费用占总销售收入的比例为 4.5%。SOE 均值为 0.460，代表样本中国有企业比例为 46%。Independence 最小值为 0.333，最大值为 0.500，表示至少 1/3 的独立董事存在，部分上市公司独立董事比例为 50%。

表 5-3　变量描述性统计

变量	均值	标准差	最小值	中值	最大值
Over	0.090	0.126	0.003	0.042	0.505
Under	0.044	0.037	0.004	0.037	0.165
SHTong	0.258	0.438	0.000	0.000	1.000
Growth	0.149	0.238	−0.260	0.119	0.787
Size	22.213	0.981	20.231	22.153	24.034
Leverage	0.468	0.202	0.088	0.483	0.802
CFO	0.051	0.076	−0.107	0.049	0.189
ROA	0.046	0.036	−0.034	0.040	0.123
GF	0.045	0.026	0.010	0.041	0.105
SOE	0.460	0.499	0.000	0.000	1.000
Seperate	0.056	0.075	0.000	0.000	0.213
Inst	0.055	0.051	0.000	0.041	0.173
BoardSize	2.168	0.157	1.792	2.197	2.398
Independence	0.367	0.044	0.333	0.333	0.500

表5-4报告了沪港通运行后标的样本（SHTong=1）和其他样本（SHTong=0）不同变量之间存在的差异。结果表明：相比非标的样本，沪港通运行后标的样本过度投资和投资不足程度均较低。另外，两个样本在成长性、规模、负债率以及股权性质等方面均存在显著性差异。

表5-4 变量差异性检验

变量	SHTong = 0		SHTong = 1		差异 T 值
	样本量	均值	样本量	均值	
Over	665	0.095	208	0.074	0.021 **
Under	946	0.046	352	0.039	0.007 ***
Growth	1611	0.158	560	0.124	0.035 ***
Size	1611	22.101	560	22.536	− 0.435 ***
Leverage	1611	0.461	560	0.488	− 0.027 ***
CFO	1611	0.05	560	0.053	− 0.003
ROA	1611	0.047	560	0.044	0.003
GF	1611	0.045	560	0.045	0.000
SOE	1611	0.425	560	0.563	− 0.138 ***
Seperate	1611	0.057	560	0.053	0.004
Inst	1611	0.054	560	0.059	− 0.005 *
BoardSize	1611	2.165	560	2.178	− 0.013
Independence	1611	0.366	560	0.367	− 0.001

注：括号内为 t 值，*** 、** 、* 分别表示在1%、5%、10%水平上显著（双尾）。组间检验采用均值比较 T 检验。

表5-5报告了主要变量的相关系数表。由表5-5可知，SHTong与Over和Under的相关系数均显著负，可能表明沪港通运行降低了过度投资和投资不足，但需要结合年度并控制公司固定效应进行确定。Leverage与Over的相关系数显著为正，与Under的相关系数显著为负，表明负债比例越多，越可能过度投资，越不可能投资不足。SOE与Over的系数显著为正，表明国有企业更可能过度投资。

表5-5 主要变量相关系数

	Over	Under	SHTong	Growth	Size	Leverage	CFO	ROA	GF	SOE	Seperate
SHTong	-0.072**	-0.083***	1.000								
Growth	0.026	-0.069**	-0.064***	1.000							
Size	0.011	-0.224***	0.194***	0.034	1.000						
Leverage	0.067**	-0.151***	0.058***	0.080***	0.571***	1.000					
CFO	0.021	0.055**	0.015	0.088***	-0.092***	-0.197***	1.000				
ROA	-0.097***	0.017	-0.03	0.185***	-0.221***	-0.485***	0.405***	1.000			
GF	-0.111***	0.126***	0	-0.055***	-0.384***	-0.285***	0.191***	0.227***	1.000		
SOE	0.120***	-0.010	0.121***	-0.084***	0.283***	0.249***	-0.003	-0.174***	-0.019	1.000	
Seperate	-0.112***	0.004	-0.024	-0.018	0.056***	0.068***	-0.030	-0.042*	-0.002	-0.204***	1.000
Inst	0.050	-0.009	0.041*	0.089***	0.043**	0.009	0.078***	0.161***	0.049**	0.052**	0.003

注：***、**、* 分别表示在1%、5%、10%水平上显著（双尾）。

二、对假设1的检验

(一) 股票市场开放与投资效率关系分析

为检验假设1，本书使用控制公司和年度固定效应的模型（5-3）来分析股票市场开放与投资效率之间的关系。表5-6报告了主要分析结果。其中，第（1）列、第（2）列报告了沪港通运行对过度投资的影响，第（3）列、第（4）列报告了沪港通运行对投资不足的影响。第（1）列、第（3）列只控制了公司和年度固定效应；第（2）列、第（4）列控制了公司特征的控制变量以及公司和年度固定效应。第（2）列、第（4）列的 R^2 值分别大于第（1）列、第（3）列对应的值，表明添加的变量有效，导致拟合效果越来越好。

表5-6　股票市场开放与投资效率

样本	过度投资		投资不足	
模型	（1）	（2）	（3）	（4）
SHTong	−0.049**	−0.051***	0.001	0.002
	（−2.55）	（−2.64）	（0.28）	（0.64）
Growth		0.046*		−0.009*
		（1.75）		（−1.70）
Size		−0.130***		−0.007
		（−4.14）		（−0.94）
Leverage		−0.018		0.030
		（−0.19）		（1.42）
CFO		−0.080		−0.007
		（−0.73）		（−0.34）
ROA		0.387		0.044
		（1.21）		（0.72）
GF		−1.027		0.363**
		（−1.38）		（2.41）
SOE		−0.059		−0.004
		（−0.54）		（−0.30）
Seperate		−0.233		−0.037
		（−1.08）		（−0.98）
Inst		0.142		−0.045
		（0.93）		（−1.24）

续表

样本	过度投资		投资不足	
模型	（1）	（2）	（3）	（4）
BoardSize		-0.148		0.009
		（-1.56）		（0.46）
Independence		0.006		0.039
		（0.02）		（0.74）
Constant	0.108 ***	3.418 ***	0.045 ***	0.138
	（7.70）	（4.36）	（22.74）	（0.83）
Firm & Year	控制	控制	控制	控制
Observations	873	873	1298	1298
R - squared	0.022	0.075	0.021	0.042
F	2.497	2.371	4.352	2.330

注：括号内为 t 值，＊＊＊、＊＊、＊分别表示在 1%、5%、10% 水平上显著（双尾）。

表 5 - 6 第（2）列中，SHTong 系数为 - 0.051，且在 1% 水平上显著为负，表明沪港通运行后，标的公司过度投资程度显著降低。说明股票市场开放抑制了上市公司的过度投资。笔者认为，股票市场开放后，监督机制的增加以及分析师跟随的增加均可能降低管理层自利行为导致过度投资的降低，另外，股票市场开放后，上市公司从应计盈余管理转向真实盈余管理也可能导致过度投资的降低，因为真实盈余管理的方法之一便是降低可操控性费用，较低的应计盈余管理降低了融资能力，均可能降低了相应投资。假设 1a 基本成立。

表 5 - 6 第（3）列、第（4）列中虽然 SHTong 的系数为正，但对应 t 值较小，表明沪港通运行后，标的公司投资不足程度并未变化。说明股票市场开放不影响投资不足。因此，假设 1 仅部分成立。假设 1b 不成立。笔者认为，我国公司投资不足可能与融资约束有关（喻坤等，2014），而股票市场开放对融资约束的作用影响甚微。

（二）独立董事、两权分离以及分析师跟随对投资效率效应的影响

前文提到，股票市场开放可能通过降低管理层自利行为而降低过度投资。为了探究股票市场开放影响过度投资的机制，本部分试图对样本进行分组分析。独立董事具有监督作用（陈运森和谢德仁，2011），独立董事占比较低时，可能无法遏制管理层的自利行为，导致上市公司过度投资较为严重，而沪港通的运行能够通过监督降低管理层自利，进而降低过度投资行为。为了验证沪港通运行后的监督作用，本书按照独立董事行业年度中值将样本区分为两组，表 5 - 7 报告了

分组分析结果，第（1）列中 SHTong 的系数显著为负，而第（2）列中该系数并不显著，表明股票市场开放对过度投资的抑制作用在独立董事占比较低的样本中存在，一定程度上表明股票市场开放对高管自利行为的遏制降低其过度投资行为。

控制权与所有权分离较高的公司中，一方面控股股东可能利用控制权获取私利，导致过度投资（俞红海等，2010），基于该逻辑，两权分离较高的样本中，沪港通运行后的监督作用可能遏制过度投资。另一方面控股股东可能利用控制权进行"掏空"，减少了公司资源，反而导致过度投资的降低。基于该逻辑，两权分离较高的样本中，沪港通运行后对"掏空"行为的遏制可能导致更多的过度投资。为了分析两权分离在沪港通运行中的作用，本书按照控制权和所有权分离度的行业年度中值将样本区分为两组，表 5-7 第（3）列、第（4）列报告了相关结果，第（3）列中 SHTong 的系数为 -0.080，且在 1% 水平上显著，而第（4）列中该值不显著，表明股票市场开放对过度投资的抑制作用仅在两权分离度较低的样本中存在。这可能是因为在两权分离较高的样本中，股票市场开放后，监督机制的增加降低了控股股东的"掏空"行为，增加了内部资金，反而有利于投资的增加，导致股票市场开放并不能抑制过度投资行为。

表 5-7　独立董事、两权分离以及分析师跟随对投资效应的影响

模型	（1）	（2）	（3）	（4）	（5）	（6）
变量	独立董事比例		两权分离		分析师跟随	
	小	大	小	大	少	多
SHTong	-0.047^{*}	-0.039	-0.080^{***}	-0.034	-0.030	-0.050^{**}
	(-1.81)	(-1.05)	(-3.56)	(-1.33)	(-0.72)	(-2.12)
Growth	0.001	0.045	0.099^{***}	0.050	0.031	0.030
	(0.02)	(1.00)	(3.41)	(1.41)	(0.67)	(0.83)
Size	0.025	-0.235^{***}	-0.144^{***}	-0.105^{**}	-0.231^{***}	-0.063
	(0.54)	(-4.03)	(-3.82)	(-2.39)	(-3.53)	(-1.10)
Leverage	0.034	-0.124	-0.215^{**}	-0.084	0.161	-0.065
	(0.26)	(-0.79)	(-2.25)	(-0.60)	(0.89)	(-0.50)
CFO	0.101	-0.243	-0.068	-0.083	-0.018	-0.150
	(0.71)	(-1.17)	(-0.62)	(-0.56)	(-0.08)	(-1.11)
ROA	-0.050	0.485	-0.151	0.196	0.915	0.152
	(-0.12)	(0.86)	(-0.43)	(0.46)	(1.46)	(0.37)

续表

模型	(1)	(2)	(3)	(4)	(5)	(6)
变量	独立董事比例		两权分离		分析师跟随	
	小	大	小	大	少	多
GF	-0.545	-1.878*	-1.316*	-1.631	-2.094	-1.381
	(-0.45)	(-1.67)	(-1.82)	(-1.47)	(-1.54)	(-1.26)
SOE	0.048	#NA①	#NA	-0.003	-0.066	-0.032
	(0.31)	#NA	#NA	(-0.02)	(-0.39)	(-0.20)
Seperate	-0.120	0.022	1.326	-0.427	-0.621	-0.033
	(-0.41)	(0.05)	(1.02)	(-1.43)	(-1.49)	(-0.12)
Inst	0.300	0.139	0.171	0.299	0.169	0.280
	(1.46)	(0.50)	(0.94)	(1.42)	(0.56)	(1.41)
BoardSize	-0.636*	0.023	-0.030	-0.309**	-0.299	-0.028
	(-1.82)	(0.11)	(-0.33)	(-2.12)	(-1.57)	(-0.20)
Independence	-2.108	0.684	-0.327	-0.115	-0.126	-0.041
	(-0.99)	(1.23)	(-1.10)	(-0.32)	(-0.23)	(-0.12)
Constant	1.633	5.106***	3.517***	3.296***	5.958***	1.700
	(1.01)	(3.38)	(4.16)	(2.99)	(3.52)	(1.24)
Firm & Year	控制	控制	控制	控制	控制	控制
Observations	519	354	235	638	374	499
R-squared	0.053	0.204	0.364	0.076	0.149	0.052
F	0.814	2.400	3.392	1.648	1.599	0.842

注：括号内为 t 值，***、**、* 分别表示在 1%、5%、10% 水平上显著（双尾）。

陈等（2017）提出，分析师可能通过监督上市公司管理层降低信息不对称程度进而提高投资效率，第三章中已经证明股票市场开放后，分析师跟随增加，那么分析师跟随的增加是否是股票市场开放降低过度投资的机制之一呢？为了验证该逻辑，本书按照分析师跟随人数的行业年度中值将样本区分为两组，表5-7第（5）列、第（6）列报告了该结果。在第（6）列中，SHTong 的系数为 -0.05，且具有5%统计意义上的显著性，该系数在第（5）列却并不显著，表明

———————

① 由于模型使用公司层面固定效应，而样本中股权性质一直没有变化，因此该值缺失。

股票市场开放对过度投资的抑制作用仅体现在分析师跟随较多组，结合第三章的逻辑，可以说明分析师跟随的增加是股票市场开放后过度投资降低的原因之一。

（三）股权性质对投资效率效应的影响

国有企业承担着较多的政策负担，如解决社会就业问题、配合国家发展战略等（Lin 和 Tan，1999；林毅夫、李志赟，2004），因此政府必须通过大量非经济的政治、行政手段干预国有企业战略制定和经营行为（马连福等，2013；陈仕华等，2014）。这导致国有企业对资本市场的依赖较弱，进而股票市场开放对国有企业的影响程度较弱。另外，国有企业中，政府干预以及预算软约束的存在可能使国有上市公司过度投资严重，覃家琦和邵新建（2015）研究也提出，政府干预之手太重导致主要以国有公司为主的 H + A 股公司具有更低的资本配置效率。那么，股票市场开放能否治理国有企业过度投资的"顽疾"呢？为此，本书将样本按照国有上市公司与非国有上市公司区分为两组进行对比分析，表 5 - 8 报告了回归结果。第（1）列、第（2）列为非国有企业中股票市场开放对过度投资的影响，第（3）列、第（4）列为国有企业中股票市场开放与过度投资的关系。第（1）列、第（2）列中，SHTong 的系数均显著为负，且具有 1% 水平上的显著性，而第（3）列、第（4）列中，该系数并不显著，t 值也较小。表明股票市场开放对过度投资的抑制作用仅在非国有上市公司中存在，股票市场开放依然不能解决国有上市公司的过度投资问题。

表 5 - 8　股票市场开放、股权性质与过度投资

模型	（1）	（2）	（3）	（4）
变量	Non - SOE		SOE	
SHTong	- 0. 065 ***	- 0. 069 ***	- 0. 003	0. 021
	（ - 3. 38）	（ - 3. 48）	（ - 0. 06）	（0. 49）
Growth		0. 012		0. 116 *
		（0. 44）		（1. 94）
Size		- 0. 101 ***		- 0. 299 ***
		（ - 3. 64）		（ - 3. 19）
Leverage		- 0. 007		- 0. 124
		（ - 0. 09）		（ - 0. 52）
CFO		- 0. 029		- 0. 259
		（ - 0. 28）		（ - 0. 99）
ROA		0. 403		0. 161
		（1. 33）		（0. 21）

续表

模型	(1)	(2)	(3)	(4)
变量	Non – SOE		SOE	
GF		−0.345		−3.554
		(−0.52)		(−1.61)
Seperate		0.029		−0.474
		(0.13)		(−1.03)
Inst		0.121		0.209
		(0.80)		(0.64)
BoardSize		−0.078		−0.380
		(−0.85)		(−1.53)
Independence		−0.104		0.300
		(−0.39)		(0.50)
Constant	0.088***	2.467***	0.064*	7.846***
	(8.69)	(3.65)	(1.66)	(3.47)
Firm & Year	控制	控制	控制	控制
Observations	520	520	353	353
R – squared	0.048	0.102	0.031	0.141
F	3.487	2.183	1.301	1.798

注：括号内为 t 值，***、**、* 分别表示在 1%、5%、10% 水平上显著（双尾）。

三、对假设 2 的检验

（一）盈余管理与投资效应分析

为了验证假设 2，本书按照向上应计盈余管理以及操控费用类型的真实盈余管理行业年度中值分别将样本区分为两组，分别检验不同样本中股票市场开放对投资效率的影响。表 5 – 9 报告了该结果。第（1）列、第（2）列报告了不同应计盈余管理程度下股票市场开放对过度投资的影响，第（3）列、第（4）列对比了异常可操控性费用下股票市场开放对过度投资的影响。第（1）列中 SHTong 的系数 5% 水平上显著为负，第（2）列中该系数并不显著，表明股票市场开放对过度投资的抑制作用仅体现在向上应计盈余管理较小的组，表明股票市场开放在较小的应计盈余管理样本中显著抑制过度投资，这是因为较低的应计盈余管理通过融资以及降低代理问题抑制了管理层自利行为。第（4）列中 SHTong 的系数为 −0.069，且具有 5% 统计意义上的显著性，第（3）列中该值对应的系数不显著，表明股票市场开放对过度投资的抑制作用只体现在异常操控费用较大的组，与逻辑一致。总之，表 5-9 的结果表明股票市场开通提高真实盈余管理的同时反而降低了过度投资。假设 2a 和假设 2b 对过度投资的预测成立。

表 5-9　股票市场开放、盈余管理与过度投资

模型	（1）	（2）	（3）	（4）
变量	向上应计盈余管理		异常操控费用	
	小	大	小	大
SHTong	-0.191**	-0.017	-0.047	-0.069**
	（-2.72）	（-0.37）	（-1.48）	（-2.45）
Growth	0.114	0.031	0.034	0.084**
	（1.05）	（0.65）	（0.79）	（2.37）
Size	-0.603***	-0.114**	0.041	-0.120***
	（-4.07）	（-2.42）	（0.61）	（-2.82）
Leverage	0.455	-0.176	-0.083	-0.034
	（1.18）	（-1.08）	（-0.52）	（-0.27）
CFO	-0.038	-0.222	-0.097	-0.059
	（-0.08）	（-0.99）	（-0.56）	（-0.38）
ROA	-0.477	-0.159	0.642	0.102
	（-0.36）	（-0.29）	（1.15）	（0.24）
GF	-1.930	-2.376*	0.037	-1.728*
	（-0.65）	（-1.70）	（0.02）	（-1.84）
SOE	#NA①	#NA	0.030	#NA
	#NA	#NA	（0.26）	#NA
Seperate	1.128	-0.741	-0.438	-0.426*
	（1.10）	（-1.63）	（-0.82）	（-1.68）
Inst	-0.379	-0.200	0.130	0.054
	（-0.56）	（-0.66）	（0.49）	（0.26）
BoardSize	0.407	-0.460	-0.451**	-0.140
	（1.47）	（-1.34）	（-2.53）	（-1.18）
Independence	0.887	-1.418	-0.240	-0.433
	（0.85）	（-1.61）	（-0.52）	（-1.21）

---

① 由于模型为公司层面的固定效应，而股权性质并无年度变化，因此该变量系数缺失。

续表

模型	(1)	(2)	(3)	(4)
变量	向上应计盈余管理		异常操控费用	
	小	大	小	大
Constant	12.437***	4.447***	0.260	3.317***
	(3.70)	(2.95)	(0.16)	(3.26)
Firm & Year	控制	控制	控制	控制
Observations	199	246	387	486
R – squared	0.491	0.364	0.113	0.137
F	1.795	2.041	1.139	2.071

注：括号内为 t 值，***、**、*分别表示在 1%、5%、10% 水平上显著（双尾）。

　　为了验证股票市场开放对投资不足的影响，本书按照向上应计盈余管理以及操控费用类型的盈余管理行业年度中值分别将样本区分为两组，分别检验不同样本中股票市场开放对投资不足的影响。表 5 - 10 报告了该结果。第（1）列、第（2）列报告了不同应计盈余管理程度下股票市场开放对投资不足的影响，第（3）列、第（4）列对比了异常可操控性费用下股票市场开放对投资不足的影响，然而 SHTong 在第（1）~第（4）列中的系数均不显著。表 5 - 10 的结果表明无论盈余管理程度大小与否，股票市场开通并不影响投资不足。假设 2a 和假设 2b 对投资不足的预测基本不成立。这可能也与假设 1b 结论中提到的投资不足上市公司的融资约束有关。

表 5 - 10　股票市场开放、盈余管理与投资不足

模型	(1)	(2)	(3)	(4)
变量	向上应计盈余管理		异常操控费用	
	小	大	小	大
SHTong	- 0.002	- 0.006	0.003	- 0.005
	(- 0.12)	(- 0.41)	(0.51)	(- 0.76)
Growth	- 0.023	- 0.025*	- 0.015**	- 0.007
	(- 0.99)	(- 1.86)	(- 2.20)	(- 0.82)
Size	0.063	0.070	0.016	0.044
	(0.87)	(1.31)	(0.55)	(1.24)
Leverage	0.037	- 0.047***	0.003	0.007
	(1.39)	(- 3.04)	(0.27)	(0.62)

续表

模型	(1)	(2)	(3)	(4)
变量	向上应计盈余管理		异常操控费用	
	小	大	小	大
CFO	−0.020	−0.039	0.003	−0.023
	(−0.20)	(−0.72)	(0.13)	(−0.70)
ROA	0.153	0.149	−0.032	0.109
	(0.67)	(0.95)	(−0.34)	(1.23)
GF	0.288	0.431	0.191	0.665***
	(0.49)	(1.40)	(0.80)	(3.15)
SOE	0.018	0.004	−0.002	−0.017
	(0.35)	(0.13)	(−0.14)	(−0.47)
Seperate	−0.003	−0.155	0.002	0.032
	(−0.03)	(−1.26)	(0.04)	(0.48)
Inst	−0.107	0.078	−0.028	−0.029
	(−0.90)	(0.71)	(−0.57)	(−0.52)
BoardSize	0.040	−0.023	−0.021	0.028
	(0.72)	(−0.40)	(−0.78)	(1.00)
Independence	−0.040	−0.191	−0.096	0.138*
	(−0.24)	(−1.34)	(−1.33)	(1.71)
Constant	−0.903	1.162***	0.054	−0.273
	(−1.46)	(3.16)	(0.21)	(−1.11)
Firm & Year	控制	控制	控制	控制
Observations	321	310	679	619
R−squared	0.141	0.247	0.047	0.091
F	0.744	1.900	1.138	2.060

注：括号内为 t 值，***、**、*分别表示在 1%、5%、10% 水平上显著（双尾）。

（二）盈余管理成本与投资效应分析

上文发现股票市场开放对过度投资的抑制在较低的向上盈余管理以及较高的异常操控费用下更显著。那么，盈余管理成本是否影响股票市场开放对过度投资的影响呢？由第三章可知，运营周转天数较少时，应计盈余管理成本较高，导致股票市场开放对应计盈余管理的降低较多，应计盈余管理程度较低。因此，运营周转天数较少的样本中，股票市场开放可能会抑制过度投资。市场份额较小时，真实盈余管理成本较高，由第三章可知，股票市场开放在真实盈余管理成本较高时，提高了更多的真实盈余管理。因此，股票市场开放在市场份额较小的样本中可能抑制过度投资。为了验证该逻辑，本书分别按照营运周转天数和市场份额行业年度中值对样本进行了分组分析。表5-10 报告了相关结果。

表5-11 中，SHTong 系数在运营周转天数较多时显著为负，表明股票市场开放对过度投资的作用在运营周转天数较多即应计盈余管理成本较低时更显著，与股票市场开放通过降低运营周转天数较少即应计盈余管理成本较高的样本中应计盈余管理程度进而降低过度投资的假设并不一致。本书认为，运营周转天数越高，越可能便于上市公司进行过度投资，最终导致股票市场开放对代理成本的降低更显著可以解释该现象。表5-11 中，市场份额越小时，SHTong 系数显著为负，表明市场份额越小，股票市场开放越能降低过度投资，与市场份额较小，真实盈余管理程度较高进而降低过度投资的逻辑一致。

表5-11 股票市场开放、盈余管理成本与过度投资

模型	(1)	(2)	(3)	(4)
变量	运营周转天数		市场份额	
	少	多	小	大
SHTong	-0.036	-0.078 **	-0.103 ***	-0.023
	(-1.30)	(-2.40)	(-3.29)	(-0.83)
Growth	0.071 *	0.041	0.031	0.056
	(1.85)	(0.98)	(0.82)	(1.41)
Size	-0.100	-0.013	0.011	-0.104
	(-0.69)	(-0.09)	(0.09)	(-0.66)
Leverage	-0.137 ***	-0.108 **	-0.179 ***	-0.114 **
	(-3.26)	(-1.99)	(-4.03)	(-2.25)
CFO	-0.027	-0.212	0.151	-0.230
	(-0.18)	(-1.14)	(0.93)	(-1.44)
ROA	0.858 *	-0.247	-0.113	0.451
	(1.84)	(-0.48)	(-0.25)	(0.87)
GF	-0.760	-0.190	-0.652	-1.454
	(-0.63)	(-0.16)	(-0.61)	(-1.24)
SOE	-0.089	#NA①	#NA	-0.097
	(-0.80)	#NA	#NA	(-0.83)

① 由于模型为公司层面的固定效应，而股权性质并无年度变化，因此该变量系数缺失。

续表

模型	(1)	(2)	(3)	(4)
变量	运营周转天数		市场份额	
	少	多	小	大
Seperate	−0.315	0.066	0.089	−0.362
	(−1.15)	(0.15)	(0.26)	(−1.18)
Inst	0.057	0.146	0.260	0.075
	(0.24)	(0.63)	(1.14)	(0.32)
BoardSize	−0.229*	−0.079	−0.060	−0.156
	(−1.86)	(−0.47)	(−0.34)	(−1.22)
Independence	−0.103	−0.100	0.097	−0.182
	(−0.29)	(−0.22)	(0.22)	(−0.47)
Constant	3.817***	2.668**	3.980***	3.293**
	(3.61)	(2.00)	(3.79)	(2.58)
Firm & Year	控制	控制	控制	控制
Observations	470	403	382	491
R−squared	0.132	0.088	0.172	0.081
F	2.174	1.125	2.354	1.381

注：括号内为 t 值，***、**、* 分别表示在1%、5%、10%水平上显著（双尾）。

四、稳健性检验

（一）更换倾向得分匹配方法

为保证结果的稳健，本书将倾向得分匹配的卡尺从 0.1 缩小到 0.005，表 5-12 报告了假设 1 和假设 2 的主要分析结果。第（1）列报告了更换卡尺后的股票市场开放对过度投资的影响。第（2）~第（5）列分别报告了按照向上应计盈余管理程度大小以及异常操控费用大小进行分组回归的结果。第（1）列中 SHTong 的系数均显著为负，表明倾向得分匹配卡尺更换后，股票市场开放仍然降低过度投资。第（2）列、第（5）列中，SHTong 的系数显著为负，表明在低向上应计盈余管理和较高的异常操控费用样本中，股票市场开放降低了过度投资，与本书的结论一致。因此，本书用倾向得分匹配方法保证了结论的可靠性。

表 5-12　更换倾向得分匹配方法的稳健性检验

模型	(1)	(2)	(3)	(4)	(5)
变量	过度投资	向上应计盈余管理		异常操控费用	
		小	大	小	大
SHTong	-0.049 **	-0.208 *	0.013	-0.043	-0.077 **
	(-2.33)	(-1.91)	(0.24)	(-1.35)	(-2.40)
Growth	0.042	0.055	0.074	0.029	0.090 **
	(1.50)	(0.31)	(1.37)	(0.68)	(2.35)
Size	-0.030	0.825	-0.452 **	-0.063	-0.118
	(-0.30)	(1.23)	(-2.12)	(-0.40)	(-0.85)
Leverage	-0.117 ***	-0.641 ***	-0.094	0.056	-0.108 **
	(-3.46)	(-3.32)	(-1.49)	(0.82)	(-2.32)
CFO	-0.027	-0.306	-0.269	-0.142	0.084
	(-0.22)	(-0.32)	(-0.85)	(-0.83)	(0.48)
ROA	0.323	0.347	-0.516	0.549	-0.020
	(0.91)	(0.12)	(-0.66)	(1.00)	(-0.04)
GF	-0.882	-2.259	-3.632	0.293	-1.070
	(-1.06)	(-0.49)	(-1.62)	(0.18)	(-0.94)
SOE	-0.064	#NA①	#NA	-0.184	#NA
	(-0.56)	#NA	#NA	(-1.11)	#NA
Seperate	-0.239	0.531	-0.664	-0.361	-0.479 *
	(-1.03)	(0.37)	(-1.23)	(-0.62)	(-1.78)
Inst	0.164	-0.233	-0.137	0.081	-0.050
	(0.95)	(-0.14)	(-0.33)	(0.32)	(-0.20)
BoardSize	-0.115	0.505	-0.557	-0.450 **	-0.109
	(-1.12)	(0.97)	(-1.33)	(-2.37)	(-0.82)
Independence	0.118	1.143	-1.925 *	-0.463	-0.562
	(0.42)	(0.77)	(-1.80)	(-0.97)	(-1.43)
Constant	3.008 ***	12.430 **	4.507 **	0.062	3.040 ***
	(3.57)	(2.75)	(2.37)	(0.04)	(2.72)
Firm & Year	控制	控制	控制	控制	控制
Observations	766	169	220	344	422

① 由于模型为公司层面的固定效应，而股权性质并无年度变化，因此该变量系数缺失。

续表

模型	（1）	（2）	（3）	（4）	（5）
变量	过度投资	向上应计盈余管理		异常操控费用	
		小	大	小	大
R – squared	0.079	0.535	0.367	0.114	0.156
F	2.160	1.232	1.824	1.032	1.992

注：括号内为 t 值，＊＊＊、＊＊、＊分别表示在 1%、5%、10% 水平上显著（双尾）。

（二）以被调出上证 180 和上证 380 的股票作为对照组

本书还以 2014 年 11 月 10 日前被调出上证 180 和上证 380 的股票作为对照组对样本进行 DID 分析，表 5 – 13 报告了对假设 1 和假设 2 的回归分析结果。第（1）列报告了股票市场开放对过度投资的影响，结果发现 SHTong 的系数为负，虽然并不显著，但一定程度表明股票市场开放降低了过度投资。第（2）~第（5）列报告了假设 2 的回归结果，第（2）列中 SHTong 的系数为负，而第（3）列中 SHTong 的系数为正，一定程度表明股票市场开放对过度投资的降低仅在应计盈余管理程度较低时存在。第（5）列中，SHTong 的系数在 5% 水平上显著为负，第（4）列中，该系数并不显著，表明股票市场开放对过度投资的降低仅在异常操控费用较高时存在。基本与上文结论一致。

表 5 – 13　以被调出指数的股票为对照组的稳健性检验

模型	（1）	（2）	（3）	（4）	（5）
变量	过度投资	向上应计盈余管理		异常操控费用	
		小	大	小	大
SHTong	− 0.017	− 0.006	0.005	− 0.019	− 0.172＊＊
	（− 0.41）	（− 0.04）	（0.05）	（− 0.29）	（− 2.50）
Growth	0.015	0.010	− 0.012	− 0.060	0.061
	（0.43）	（0.05）	（− 0.20）	（− 1.29）	（1.31）
Size	0.159	− 0.323	0.162	− 0.206	0.300＊
	（1.21）	（− 0.42）	（0.69）	（− 0.99）	（1.81）
Leverage	− 0.085＊＊	− 0.301	− 0.236＊	0.048	− 0.139＊＊
	（− 2.08）	（− 1.40）	（− 2.01）	（0.69）	（− 2.55）
CFO	− 0.072	− 0.272	0.069	− 0.197	0.140
	（− 0.53）	（− 0.37）	（0.38）	（− 0.96）	（0.76）

续表

模型	(1)	(2)	(3)	(4)	(5)
变量	过度投资	向上应计盈余管理		异常操控费用	
		小	大	小	大
ROA	0.534	−0.891	−0.534	0.639	0.417
	(1.27)	(−0.37)	(−0.67)	(1.06)	(0.73)
GF	−0.893	4.350	−0.106	0.992	−1.827*
	(−0.93)	(0.77)	(−0.04)	(0.45)	(−1.71)
SOE	−0.043	−0.111	−1.043***	0.153	−0.075
	(−0.45)	(−0.09)	(−2.87)	(0.82)	(−0.69)
Seperate	−0.276	−0.628	0.023	−0.020	−0.487**
	(−1.34)	(−0.66)	(0.09)	(−0.04)	(−1.98)
Inst	0.084	0.758	−0.602*	0.469*	−0.460*
	(0.48)	(1.27)	(−1.76)	(1.79)	(−1.94)
BoardSize	−0.090	−0.126	−1.750*	−0.361	0.099
	(−0.79)	(−0.10)	(−1.76)	(−1.63)	(0.77)
Independence	0.089	5.274	7.356**	0.451	0.260
	(0.29)	(1.04)	(2.68)	(1.01)	(0.64)
Constant	2.167**	−0.006	0.005	−0.412	2.905**
	(2.12)	(−0.04)	(0.05)	(−0.24)	(2.17)
Firm & Year	控制	控制	控制	控制	控制
Observations	776	190	199	342	434
R-squared	0.053	0.352	0.733	0.127	0.183
F	1.343	1.008	4.312	1.045	2.257

注：括号内为 t 值，***、**、*分别表示在1%、5%、10%水平上显著（双尾）。

五、投资不足效应

前文发现，股票市场开放仅能降低上市公司的过度投资，并探究了降低过度投资的机制以及对比了不同股权性质公司中股票市场开放的投资效应。那么，股票市场开放真的不能影响投资不足吗？刘胜强等（2015）提出，融资约束公司投资不足现象存在。王菁和程博（2014）提出，外部压力促使上市公司管理层采取"短视"行为，导致投资不足。因此，融资约束较严重时，上市公司对外部资本市场的依赖促使高管进行更多的"短视"行为，少进行投资，可能导致投资不足。

为了验证该逻辑，本书按照上市公司持有现金占总资产比例的行业年度中值以及销售收入成长性行业年度中值分别将样本区分为两组进行对比分析，表5－14报告了回归分析结果。第（1）列、第（2）列对比了持有现金比例的不同对股票市场开放效果的影响，第（3）列、第（4）列对比了不同成长性公司中股票市场开放的效果。结果发现，在第（1）列和第（4）列中，SHTong系数显著为正，表明融资约束的样本中股票市场开放反而进一步加剧投资不足。第（2）列、第（3）列中SHTong系数不显著，表明股票市场开放并不影响非融资约束组的投资不足。总之，表5－14证明了融资约束存在时，股票市场开放更可能导致投资不足。

表5－14 股票市场开放、融资约束与投资不足

模型	(1)	(2)	(3)	(4)
变量	持有现金		成长性	
	少	多	低	高
SHTong	0.013 **	− 0.004	0.002	0.013 *
	(2.19)	(− 0.60)	(0.35)	(1.93)
Growth	− 0.006	− 0.009	− 0.007	0.000
	(− 0.79)	(− 1.01)	(− 0.40)	(0.01)
Size	0.018	− 0.011	0.037	− 0.065 *
	(0.55)	(− 0.33)	(1.07)	(− 1.67)
Leverage	− 0.012	− 0.010	− 0.001	− 0.007
	(− 0.94)	(− 0.95)	(− 0.08)	(− 0.56)
CFO	− 0.021	0.037	0.007	− 0.039
	(− 0.70)	(1.13)	(0.21)	(− 1.01)
ROA	− 0.055	0.082	− 0.122	− 0.045
	(− 0.58)	(0.80)	(− 1.33)	(− 0.32)
GF	0.063	0.200	0.357	0.461
	(0.27)	(0.80)	(1.59)	(1.53)
SOE	− 0.023	0.057	− 0.016	0.028
	(− 1.10)	(1.39)	(− 0.63)	(1.18)
Seperate	− 0.023	− 0.046	− 0.025	0.025
	(− 0.44)	(− 0.79)	(− 0.39)	(0.45)
Inst	− 0.076	0.028	− 0.028	− 0.051
	(− 1.56)	(0.46)	(− 0.44)	(− 0.77)

续表

模型	（1）	（2）	（3）	（4）
变量	持有现金		成长性	
	少	多	低	高
BoardSize	− 0.022	0.025	− 0.015	0.013
	（ − 0.73）	（0.84）	（ − 0.54）	（0.35）
Independence	0.016	0.003	0.110	− 0.031
	（0.19）	（0.03）	（1.23）	（ − 0.29）
Constant	0.360	0.172	0.045	0.174
	（1.22）	（0.73）	（0.14）	（0.63）
Firm & Year	控制	控制	控制	控制
Observations	617	681	684	614
R − squared	0.087	0.054	0.056	0.075
F	1.903	1.270	1.157	1.207

注：括号内为 t 值，* * *、* *、* 分别表示在 1%、5%、10% 水平上显著（双尾）。

本章小结

本书以沪港通运行为外生事件，利用"PSM + DID"的方法分析股票市场开放对企业投资效率的影响以及盈余管理对两者之间关系的作用。

首先，股票市场开放后，境外投资者监督的增加以及分析师跟随对监督的增加降低代理成本，抑制了管理层自利行为，导致过度投资降低。然而，由于融资约束的存在，股票市场开放并不能缓解投资不足。

其次，独立董事比例较低时，上市公司代理问题更为严重，因此股票市场开放对过度投资的抑制作用在独立董事比例较低的样本中显著存在。分析师跟随较多时，较多的分析师对上市公司管理层形成强有力的监督，因此股票市场开放对过度投资的抑制作用在分析师跟随较多的样本中显著存在。在控制权与所有权分离程度较高的样本中，股票市场开放对"掏空"的抑制反而增加了投资的资源，不利于抑制过度投资，因此股票市场开放对过度投资的抑制仅体现在控制权与所有权分离程度较低的样本中。

再次，国有企业中，股票市场开放仍然不能治理过度投资的"顽疾"。这可能与国有企业中预算软约束以及政府干预的存在有关。非国有企业中股票市场开放能够通过抑制管理层自利降低过度投资。

复次，股票市场开放对过度投资的抑制作用仅在较低的应计盈余管理以及异常可操控性费用类的真实盈余管理较高时显著存在。较低的应计盈余管理能够抑制融资，降低代理成本，导致过度投资的降低。因此，结合第三章的结论，可以得出股票市场开放通过降低应计盈余管理降低过度投资。较高的异常可操控性费用使上市公司存在"短视"行为，进而抑制了过度投资。因此，结合第三章的结论，可以得出股票市场开放通过提高真实盈余管理抑制过度投资。运营周转天数越少，应计盈余管理成本越高，股票市场开放越能够降低应计盈余管理进而降低过度投资。然而，本书却发现股票市场开放对过度投资的抑制作用仅在运营周转天数较多时显著存在，与逻辑并不一致，笔者认为，运营周转天数越多，可能越便于上市公司进行过度投资。第三章提到，市场份额较小，真实盈余管理成本较高，股票市场开放越能够提高真实盈余管理最终抑制过度投资。因此市场份额较小的样本中，股票市场开放显著抑制了过度投资。

最后，在融资约束的样本中，股票市场开放后，上市公司面临较高的资本市场压力选择更为"短视"的投资行为，导致投资不足。

目前的研究主要从宏观层面探讨股票市场开放与投资行为，仅有的分析股票市场开放对微观企业行为影响的文献并未探讨投资效率问题，本书基于我国的沪港通运行探究股票市场开放对公司投资效率的影响，补充了股票市场开放对公司投资行为的相关研究。另外，本书利用沪港通运行这一"自然试验"探究股票市场开放对公司投资效率的影响，能够一定程度上解决内生性问题。再者，本书对上市公司投资决策的研究既可以补充上市公司投资领域相关文献，也为上市公司管理层的投资行为提供借鉴指导。然而，限于数据，本书也无法分享股票市场开放后，境外投资者持股比例大小对投资效率产生的影响。

第六章 结论与展望

2014 年 11 月 17 日正式运行的沪港通为股票市场开放的经济后果研究提供机遇，基于此，本书探索了股票市场开放对上市公司盈余管理、股价同步性以及投资效率的影响，期望通过本书的结论提供政策启示，为我国的股票市场开放提供数据支持。

一、主要结论

（一）香港地区投资者的持股偏好

本书在制度背景部分利用回归分析以及每个交易日沪港通前十大买入股的相关数据，探究了沪港通运行后，香港地区投资者对境内上市公司的持股偏好。结果发现：

（1）大规模公司更可能被境外投资者买入。因为大规模公司更可能被境外投资者注意，并且大规模公司具有较高的流动性需求以及较低的交易成本、较好的市场声誉。

（2）被 QFII 持股的公司更可能被境外投资者买入。因为被 QFII 持股的公司更可能被境外投资者注意，并且 QFII 属于大型的机构投资者，在信息处理方面具有优势，其他投资者可能采取追随策略，因此被 QFII 持股的公司更可能被境外投资者买入。

（3）产品市场份额较高的公司更可能被境外投资者买入。因为企业的产品市场份额越高，企业对整个行业的影响力越大，声誉越好，也越可能传递出更多信息。

（4）每股股利较高的公司更可能被境外投资者买入。因为境外投资者的谨慎性限制，促使其倾向于投资高股利支付率的公司。

（5）应计盈余管理程度越低越可能被境外投资者买入。因为相比境内投资者具有的信息优势，境外投资者更依赖会计信息。

（6）第一大股东持股比例越低越可能被境外投资者买入。因为较高的第一大股东持股比例可能存在较高的大股东"掏空"攫取私有收益的行为。与当地投资者相比，境外投资者没有及时识别或监督"掏空"的能力。因此，倾向于持有第一大股东持股比例较低的上市公司。

（二）股票市场开放影响盈余管理

本书围绕沪港通运行事件，使用"PSM + DID"方法分析股票市场开放对企业盈余管理行为的影响。结果发现：

（1）股票市场开放后，应计盈余管理降低，真实盈余管理提高。因为股票市场开放后，境外投资者或分析师跟随增加对管理层形成监督和制约，促使上市公司避免进行应计盈余管理以免被投资者或分析师识别。然而境外投资者对内部信息的劣势以及分析师跟随导致的压力可能促使上市公司转向真实盈余管理。

（2）股票市场开放对应计盈余管理的降低仅在应计盈余管理成本较高时存在，对真实盈余管理的提高仅在真实盈余管理成本较高时存在。因为企业在不同的盈余管理方式之间平衡选择成本最小的方式。应计盈余管理成本较高时，上市公司倾向于选择真实盈余管理。真实盈余管理成本较低时，上市公司前期使用了更多的真实盈余管理，反而股票市场开放后，无法再次提高真实盈余管理。

（3）股票市场开放对盈余管理的影响在国有企业中不存在，在非国有企业中显著存在。因为国有企业高管的政治身份使其"掏空"上市公司的动机较弱。而非国有上市公司存在"掏空"上市公司补贴控股股东的状况。

（4）股票市场开放降低了代理成本、关联交易并且增加了更多的分析师跟随。该结果进一步证明了股票市场开放影响盈余管理的机制。

（三）股票市场开放、盈余管理与股价同步性

本书以沪港通运行为外生事件，利用"PSM + DID"方法分析股票市场开放对股价同步性的影响以及盈余管理对两者之间关系的影响。结果发现：

（1）股票市场开放后，股价同步性提高。因为股票市场开放后，上市公司受到境外投资者的监督缓解了代理冲突，提高了公开信息披露水平，导致可供挖掘的私有信息及市场噪声降低，股票价格融入更多市场和行业信息。

（2）国有企业以及非国有企业中，股票市场开放对股价同步性的提高均显著存在。因为，国有企业监督机制的缺失导致了公司公开信息较少，私有信息较多，非国有企业存在的管理层自利和"掏空"也使私有信息较多。股票市场开放能够降低私有信息进而提高股价同步性。

（3）在较高的控制权与所有权分离的样本中以及较少的分析师跟随样本中，股票市场开放对股价同步性的提高显著存在。因为较高的控制权与所有权分离样本中存在较严重的代理冲突，而较少的分析师跟随样本中，市场噪声以及私有信息较多。股票市场开放通过监督降低了代理问题以及可供挖掘的私有信息提高股

价同步性。

（4）股票市场开放对股价同步性的提高在较高的应计盈余管理以及较高的真实盈余管理样本中显著存在。因为较高应计盈余管理的公司中，管理层隐藏了较多私有信息，股票市场开放在这类样本中的监督作用更显著降低私有信息。较高的真实盈余管理表明股票市场开放通过提高真实盈余管理降低私有信息，因此股价同步性提高。另外，股票市场开放对股价同步性的提高在运营周转天数较多的样本中显著存在，这与股票市场开放对应计盈余管理的降低在运营周转天数较多的样本中程度较弱导致应计盈余管理较高，而较高的应计盈余管理样本中股价同步性显著提高的结论具有一致性。然而，股票市场开放对股价同步性的提高在市场份额较高的样本中显著存在，这与股票市场开放对真实盈余管理的提高在市场份额较低时显著存在，进而导致真实盈余管理较高，导致同步性提高的结论并不一致，笔者认为市场份额较高的公司更可能受到更多投资者关注，进而导致股票市场开放提高股价同步性可以解释该现象。

（四）股票市场开放、盈余管理与投资效率

本书以沪港通运行为外生事件，利用"PSM + DID"方法分析股票市场开放对企业投资效率的影响以及盈余管理对两者之间关系的影响。结果发现：

（1）股票市场开放后，过度投资降低，投资不足状况不变。因为股票市场开放后，境外投资者以及分析师监督的增加抑制了管理层自利行为，降低了过度投资，然而融资约束的存在仍然使股票市场开放也不能改善投资不足。

（2）股票市场开放对过度投资的降低在独立董事比例较低、分析师跟随较多以及控制权与所有权分离程度较高的样本中显著存在。因为独立董事比例低，代表上市公司治理机制有待完善，股票市场开放恰能提高监督机制。分析师跟随较多，提高了更有力的分析师监督进而导致股票市场开放对过度投资的抑制。然而控制权与所有权分离度较高的样本中，股票市场开放对"掏空"的抑制反而为过度投资提供了资源，因而股票市场开放对过度投资的抑制作用仅体现在控制权与所有权分离较低的样本中。

（3）股票市场开放并不能降低国有企业中的过度投资"顽疾"。因为国有企业存在预算软约束以及政府干预，有动机也有资源进行大量投资。

（4）在较低应计盈余管理以及异常可操控性费用类真实盈余管理较高的样本中，股票市场开放降低过度投资。因为较低的应计盈余管理抑制了融资并且降低了代理成本，从而降低过度投资，然而较高的异常可操控性费用导致上市公司减少投资，故而过度投资降低。另外，股票市场开放对过度投资的抑制作用还体现在运营周转天数较多以及市场份额较小的样本中。因为运营周转天数越多，越便于上市公司进行过度投资，本身较高的过度投资自然使股票市场开放显著降低过度投资行为。市场份额较小，真实盈余管理成本较高，股票市场开放越能够提高真实盈余管理最终抑制过度投资。

（5）股票市场开放在融资约束样本中加剧了投资不足。股票市场开放提高了资本市场压力，导致管理层"短视"行为可以解释该现象。

二、政策启示

本书结论表明，股票市场开放一定程度上降低了应计盈余管理，提高了股票定价效率以及投资效率，但也提高了真实盈余管理。基于此，本书提出如下政策建议：

第一，股票市场开放引入了境外投资者，这些投资者具有先进的技术分析能力以及较强的投资者保护意识能够对上市公司管理层形成制约，进而影响会计信息以及资本配置效率。因此，监管层可以在一定限度内扩充沪港通中允许境外投资者购买的投资标的。

第二，股票市场开放虽然降低应计盈余管理，但提高了真实盈余管理行为。事实上，真实盈余管理损害上市公司长期未来业绩（Gunny，2010；王福胜等，2014）。这种"按下葫芦起来瓢"的现象值得监管层注意。因此，监管层可以提醒上市公司投资者关注这种现象。

第三，股票市场开放吸引了更多分析师跟随。分析师跟随既可能对上市公司构成监督，也给上市公司构成满足分析师预期的压力，这种对未来预期的影响可能促使上市公司采取真实盈余管理等行为。因此，未来在鼓励更多分析师跟随的基础上，应该对分析师行业加强监管，促使分析师更好地为投资者服务。

第四，股票市场开放的经济后果受股权性质的影响。国有上市公司虽然"掏空"较弱，但是管理层可能基于政治动机隐藏部分信息，也可能进行过度投资。因此监管层应该注意到不同股权性质公司中，股票市场开放的经济后果不同，分别制定相应监管制度。

第五，由于融资约束的存在，股票市场开放并不能缓解融资不足，反而导致融资约束企业进一步的投资不足，期望监管层在治理融资约束的政策时考虑资本市场压力可能对融资约束企业投资效率产生的影响。

三、研究贡献

首先，从股票市场开放角度丰富了盈余管理的相关研究。前人对于股票市场开放与盈余管理的相关研究样本既包括允许境外投资者购买本国股票，也包括交叉上市公司。然而交叉上市公司绑定了境外严格的法制环境和监管要求，本身盈余管理程度就低，存在很强的内生性问题（蓓等，2006）。另外，前期并无文献讨论股票市场开放对真实盈余管理行为的影响。本书探讨股票市场开放对盈余管理的研究，具有一定的创新性，能够补充盈余管理相关的研究文献。

其次，利用股票市场开放探究了上市公司的股价同步性。前人对于股票市场开放与股价同步性的讨论较少，且并未得出统一的结论。部分提出股票市场开放的模式之一交叉上市导致股价同步性提高（费尔南德斯和费雷拉，2008），而部分研究指出境外投资者持股导致同步性降低（金和易，2015）。因此，本书从我国的制度背景出发探究股票市场开放对股价同步性的影响，期望能够补充股价同步性领域相关研究。

再次，探究股票市场开放对投资效率的影响。前人从宏观和资本流动层面探讨了股票市场开放对于一个国家投资效率的影响（加林多，2005），但是在微观领域内，股票市场开放对单一上市公司投资效率的影响有待进一步研究。国内的覃家琦和邵新建（2015）虽然探究了我国 H + A 股上市公司的投资效率，但是 H 股上市公司毕竟受政府干预较多。因此，本书从微观层面探究股票市场开放对投资效率的影响，可以为投资效率的相关研究提供证据。

复次，以沪港通运行为事件，采用"PSM + DID"方法在一定程度上避免了股票市场开放的经济后果研究可能具有的内生性问题。前期对股票市场开放的研究离不开境外投资者持股，然而境外投资者持股具有偏好，这导致结果的内生性，而沪港通运行恰为这类研究提供"准自然试验"的契机，能够为后期股票市场开放研究提供借鉴。

最后，基于我国的制度背景，探究我国的股票市场开放对境内 A 股上市公司可能产生的影响，有利于了解我国股票市场开放对上市公司行为造成的影响，有利于丰富我国的股票市场开放经济后果研究，更能够为我国未来的股票市场开放政策提供理论证据。

四、研究局限性

首先，本书对股票市场开放与盈余管理以及资本配置效率的研究仍是以委托代理理论为基础，以会计信息观以及契约观为落脚点，仅是对原有理论的补充。

其次，我国沪港通仅选取部分上市公司作为标的股票，这种政策层面的选取可能影响研究结果，虽然本书采用了"PSM + DID"的研究方法，并且通过替换对照组等方法尽可能解决内生性问题，但依然需要值得注意。虽然提出境内资金外流可能对上市公司构成压力，促使其提升自身治理水平，但无法分析这种机制对股票市场开放经济后果的影响。

再次，尽管本书发现了股票市场开放导致真实盈余管理行为的增加，并从股价同步性和投资效率讨论了部分经济后果，但由于沪港通时间点较新，数据有限，并不能分析真实盈余管理对业绩的影响。

最后，由于没有沪港通中，境外投资者对每个上市公司的持股数据，本书无法探讨境外投资者持股大小对上市公司盈余管理、股价同步性以及投资效率产生的影响。

五、未来展望

第一，本书对股票市场开放的经济后果研究主要围绕标的公司展开，事实上，股票市场开放后，标的股票同行业或上下游的企业也可能受到股票市场开放的影响。因此，未来研究可以围绕股票市场开放的溢出效应展开研究。

第二，本书主要从股价同步性以及投资效率考虑股票市场开放对盈余管理行为的影响，事实上，股票市场开放影响盈余管理可能进一步影响上市公司融资，未来可以就此展开。

第三，本书提出分析师跟随的增加是股票市场开放经济后果的原因之一，但本书并未深入展开讨论，未来可以进一步分析股票市场开放对分析师的分析行为造成的经济后果。

第四，股票市场的开放也可能影响审计师、信用评级、媒体等中介机构，限于文章篇幅，本书并未就此展开，未来可以围绕股票市场开放对其他中介机构的影响展开分析。

参考文献

［1］白俊，连立帅．国企过度投资溯因：政府干预抑或管理层自利？［J］．会计研究，2014（2）：41－48．

［2］蔡春，李明，和辉．约束条件、IPO 盈余管理方式与公司业绩——基于应计盈余管理与真实盈余管理的研究［J］．会计研究，2013（10）：35－42．

［3］曹广喜，徐龙炳．香港和内地证券市场的动态竞争关系研究——基于 A＋H 交叉上市公司的实证分析［J］．财经研究，2011（9）：38－48．

［4］曾建光，伍利娜，王立彦．中国式拆迁、投资者保护诉求与应计盈余质量——基于制度经济学与 Internet 治理的证据［J］．经济研究，2013（7）：90－103．

［5］曾庆生，ZENGQing－sheng．高管及其亲属买卖公司股票时"浑水摸鱼"了？——基于信息透明度对内部人交易信息含量的影响研究［J］．财经研究，2014，40（12）．

［6］常嵘，CHANGRong．逆向跨境上市产生信息效应吗？——基于 H 股公司返回境内上市的研究［J］．财经研究，2014，40（4）：90－102．

［7］陈国进，王景．我国公司 A＋H 交叉上市的溢出效应分析［J］．南开管理评论，2007，10（4）：36－42．

［8］陈梦根，毛小元．股价信息含量与市场交易活跃程度［J］．金融研究，2007（3a）：125－139．

［9］陈胜蓝，卢锐．股权分置改革、盈余管理与高管薪酬业绩敏感性［J］．金融研究，2012（10）：180－190．

［10］陈仕华，姜广省，李维安等．国有企业纪委的治理参与能否抑制高管私有收益？［J］．经济研究，2014（10）：139－151．

［11］陈运森，谢德仁．网络位置、独立董事治理与投资效率［J］．管理世界，2011（7）：113－127．

［12］程新生，谭有超，刘建梅．非财务信息、外部融资与投资效率——基

于外部制度约束的研究［J］.管理世界，2012（7）：137－150.

[13] 程子健，张俊瑞.交叉上市、股权性质与企业现金股利政策——基于倾向得分匹配法（PSM）的分析［J］.会计研究，2015（7）：34－41.

[14] 崔学刚，徐金亮.境外上市、绑定机制与公司费用粘性［J］.会计研究，2013（12）：33－39.

[15] 丁岚，董秀良.境外上市公司回归A股市场交叉上市动因研究［J］.中国工业经济，2010（8）：108－117.

[16] 段云，李菲.QFⅡ对上市公司持股偏好研究：社会责任视角［J］.南开管理评论，2014，17（1）：44－50.

[17] 方红星，孙翯，金韵韵.公司特征、外部审计与内部控制信息的自愿披露——基于沪市上市公司2003—2005年年报的经验研究［J］.会计研究，2009（10）：44－52.

[18] 龚启辉，吴联生，王亚平.两类盈余管理之间的部分替代［J］.经济研究，2015（6）：175－188.

[19] 郭璐，韩立岩，李东辉等.交叉上市的信息传递及整合性：股改前后的变化——来自沪市A、B股的证据［J］.管理世界，2009（1）：29－37.

[20] 韩静，陈志红，杨晓星.高管团队背景特征视角下的会计稳健性与投资效率关系研究［J］.会计研究，2014（12）：25－31.

[21] 何孝星，余军.资本市场开放、本币升值与居民资产结构调整——分析中国股市上涨的三重视角［J］.金融研究，2008（1）：42－52.

[22] 胡军，王甄.微博、特质性信息披露与股价同步性［J］.金融研究，2015（11）：190－206.

[23] 黄俊，郭照蕊.新闻媒体报道与资本市场定价效率——基于股价同步性的分析［J］.管理世界，2014（5）：121－130.

[24] 黄志刚，郭桂霞.资本账户开放与利率市场化次序对宏观经济稳定性的影响［J］.世界经济，2016（9）：3－27.

[25] 金宇超，靳庆鲁，宣扬."不作为"或"急于表现"：企业投资中的政治动机［J］.经济研究，2016（10）：126－139.

[26] 金智.新会计准则、会计信息质量与股价同步性［J］.会计研究，2010（7）：19－26.

[27] 靳庆鲁，侯青川，李刚等.放松卖空管制、公司投资决策与期权价值［J］.经济研究，2015（10）：76－88.

[28] 孔宁宁，闫希.交叉上市与公司成长——来自中国"A＋H"股的经验证据［J］.金融研究，2009（7）：134－145.

［29］李春涛，胡宏兵，谭亮．中国上市银行透明度研究——分析师盈利预测和市场同步性的证据［J］.金融研究，2013（6）：118－132.

［30］李春涛，宋敏，张璇．分析师跟踪与企业盈余管理——来自中国上市公司的证据［J］.金融研究，2014（7）：124－139.

［31］李春涛，赵一，徐欣，李青原．按下葫芦浮起瓢：分析师跟踪与盈余管理途径选择［J］.金融研究，2016（4）：144－157.

［32］李开秀，龚仰树．我国证券交易所获取外国上市资源的竞争能力分析［J］.财经研究，2011（2）：17－26.

［33］李蕾，韩立岩．价值投资还是价值创造？——基于境内外机构投资者比较的经验研究［J］.经济学（季刊），2014（1）：351－372.

［34］李培功，沈艺峰．经理薪酬、轰动报道与媒体的公司治理作用［J］.管理科学学报，2013（10）：63－80.

［35］李培馨，谢伟，王宝链．海外上市地点和企业投资：纳斯达克、香港、新加坡上市企业比较［J］.南开管理评论，2012（2）：81－91.

［36］李青原．会计信息质量与公司资本配置效率——来自我国上市公司的经验证据［J］.南开管理评论，2009（2）：115－124.

［37］李万福，林斌，宋璐．内部控制在公司投资中的角色：效率促进还是抑制？［J］.管理世界，2011（2）：81－99.

［38］李巍．资本账户开放、金融发展和经济金融不稳定的国际经验分析［J］.世界经济，2008（3）：34－43.

［39］李巍，张志超．不同类型资本账户开放的效应：实际汇率和经济增长波动［J］.世界经济，2008（10）：33－45.

［40］李延喜，包世泽，高锐，孔宪京．薪酬激励、董事会监管与上市公司盈余管理［J］.南开管理评论，2007（6）：55－61.

［41］李延喜，曾伟强，马壮等．外部治理环境、产权性质与上市公司投资效率［J］.南开管理评论，2015（1）：25－36.

［42］李增泉．关系型交易的会计治理——关于中国会计研究国际化的范式探析［J］.财经研究，2017（2）：4－33.

［43］李增泉．所有权安排与股票价格的同步性——来自中国股票市场的证据［J］.中国会计与财务研究，2005（3）：57－100.

［44］林毅夫，李志赟．政策性负担、道德风险与预算软约束［J］.经济研究，2004（2）：17－27.

［45］刘成彦，胡枫，王皓．QFII也存在羊群行为吗？［J］.金融研究，2007（10）：111－122.

[46] 刘凤委, 李琦. 市场竞争、EVA 评价与企业过度投资 [J]. 会计研究, 2013 (2): 54 – 62.

[47] 刘慧龙, 王成方, 吴联生. 决策权配置、盈余管理与投资效率 [J]. 经济研究, 2014 (8): 93 – 106.

[48] 刘启亮, 何威风, 罗乐. IFRS 的强制采用、新法律实施与应计及真实盈余管理 [J]. 中国会计与财务研究, 2011 (1): 57 – 121.

[49] 刘胜强, 林志军, 孙芳城, 陈汉文. 融资约束、代理成本对企业 R&D 投资的影响——基于我国上市公司的经验证据 [J]. 会计研究, 2015 (11): 62 – 68.

[50] 刘烨, 吕长江. 公司 IPO 盈余管理路径研究——以贵人鸟为例 [J]. 南开管理评论, 2015 (6): 81 – 89.

[51] 刘运国, 刘梦宁. 雾霾影响了重污染企业的盈余管理吗? ——基于政治成本假说的考察 [J]. 会计研究, 2015 (3): 26 – 33.

[52] 陆瑶, 沈小力. 股票价格的信息含量与盈余管理——基于中国股市的实证分析 [J]. 金融研究, 2011 (12): 131 – 146.

[53] 逯东, 孙岩, 杨丹. 会计信息与资源配置效率研究述评 [J]. 会计研究, 2012 (6): 19 – 24.

[54] 吕长江, 张海平. 股权激励计划对公司投资行为的影响 [J]. 管理世界, 2011 (11): 118 – 126.

[55] 马连福, 王元芳, 沈小秀. 国有企业党组织治理、冗余雇员与高管薪酬契约 [J]. 管理世界, 2013 (5): 100 – 115.

[56] 潘越, 戴亦一, 林超群. 信息不透明、分析师关注与个股暴跌风险 [J]. 金融研究, 2011 (9): 138 – 151.

[57] 沈红波. 市场分割、跨境上市与预期资金成本——来自 Ohlson – Juettner 模型的经验证据 [J]. 金融研究, 2007 (2): 146 – 155.

[58] 史永, 张龙平. XBRL 财务报告实施效果研究——基于股价同步性的视角 [J]. 会计研究, 2014 (3): 3 – 10.

[59] 史永东, 王谨乐. 中国机构投资者真的稳定市场了吗? [J]. 经济研究, 2014 (12): 100 – 112.

[60] 苏冬蔚, 林大庞. 股权激励、盈余管理与公司治理 [J]. 经济研究, 2010 (11): 88 – 100.

[61] 苏冬蔚, 熊家财. 股票流动性、股价信息含量与 CEO 薪酬契约 [J]. 经济研究, 2013 (11): 56 – 70.

[62] 孙立, 林丽. QFII 投资中国内地证券市场的实证分析 [J]. 金融研究,

2006 (7): 123 - 133.

[63] 覃家琦, 邵新建. 中国交叉上市公司的投资效率与市场价值——绑定假说还是政府干预假说? [J]. 经济学 (季刊), 2016 (3): 1137 - 1176.

[64] 覃家琦, 邵新建. 交叉上市、政府干预与资本配置效率 [J]. 经济研究, 2015 (6): 117 - 130.

[65] 覃家琦, 邵新建, 肖立晟. 交叉上市、增长机会与股利政策——基于政府干预假说的检验 [J]. 金融研究, 2016 (11): 191 - 206.

[66] 唐松, 胡威, 孙铮. 政治关系、制度环境与股票价格的信息含量——来自我国民营上市公司股价同步性的经验证据 [J]. 金融研究, 2011 (7): 182 - 195.

[67] 田素华, 何仁科. 境外上市企业在国内融资的可行性与主要障碍 [J]. 管理世界, 2002 (5): 116 - 125.

[68] 万鹏, 曲晓辉. 董事长个人特征、代理成本与营收计划的自愿披露——来自沪深上市公司的经验证据 [J]. 会计研究, 2012 (7): 15 - 23.

[69] 王菁, 程博. 外部盈利压力会导致企业投资不足吗? ——基于中国制造业上市公司的数据分析 [J]. 会计研究, 2014 (3): 33 - 40.

[70] 王克敏, 刘博. 公开增发业绩门槛与盈余管理 [J]. 管理世界, 2012 (8): 30 - 42.

[71] 王立章, 王咏梅, 王志诚. 控制权、现金流权与股价同步性 [J]. 金融研究, 2016 (5): 97 - 110.

[72] 王文立. 关于境外上市公司机制转换的探讨 [J]. 中国工业经济, 1995 (2): 32 - 37.

[73] 王亚平, 刘慧龙, 吴联生. 信息透明度、机构投资者与股价同步性 [J]. 金融研究, 2009 (12): 162 - 174.

[74] 王艳艳, 于李胜. 国有银行贷款与股价同步性 [J]. 会计研究, 2013 (7): 42 - 49.

[75] 王益, 齐亮. 资本市场开放的国际比较与中国的选择 [J]. 管理世界, 2003 (6): 26 - 32.

[76] 肖成民, 吕长江. 市场监管、盈余分布变化与盈余管理——退市监管与再融资监管的比较分析 [J]. 南开管理评论, 2011 (1): 138 - 147.

[77] 肖珉, 沈艺峰. 跨地上市公司具有较低的权益资本成本吗? ——基于"法与金融"的视角 [J]. 金融研究, 2008 (10): 93 - 103.

[78] 肖淑芳, 刘颖, 刘洋. 股票期权实施中经理人盈余管理行为研究——行权业绩考核指标设置角度 [J]. 会计研究, 2013 (12): 40 - 46.

[79] 辛清泉, 林斌, 王彦超. 政府控制、经理薪酬与资本投资 [J]. 经济

研究，2007（8）：110－122.

［80］辛清泉，郑国坚，杨德明．企业集团、政府控制与投资效率［J］.金融研究，2007（10）：123－142.

［81］熊衍飞，陆军，陈郑．资本账户开放与宏观经济波动［J］.经济学（季刊），2015（4）：1255－1276.

［82］徐虹．交叉上市对我国企业产品市场竞争力的影响［J］.管理世界，2014（4）：181－182.

［83］徐建，李维安．交叉上市约束效应研究述评与未来展望——基于法律约束和声誉约束视角［J］.外国经济与管理，2014（4）：3－14.

［84］杨畅，刘斌，闫文凯．契约环境影响企业的投资行为吗？——来自中国上市公司的经验证据［J］.金融研究，2014（11）：79－93.

［85］杨娉，徐信忠，杨云红．交叉上市股票价格差异的横截面分析［J］.管理世界，2007（9）：107－116.

［86］伊志宏，李颖，江轩宇．女性分析师关注与股价同步性［J］.金融研究，2015（11）：175－189.

［87］易玄，谢志明，樊雅琦．审计信任、合格境外机构投资者及其审计师选择——来自中国资本市场的检验［J］.审计研究，2016（4）：76－82.

［88］游家兴，张俊生，江伟．制度建设、公司特质信息与股价波动的同步性——基于 R～2 研究的视角［J］.经济学（季刊），2007（1）：189－206.

［89］俞红海，徐龙炳，陈百助．终极控股股东控制权与自由现金流过度投资［J］.经济研究，2010（8）：103－114.

［90］喻坤，李治国，张晓蓉，徐剑刚．企业投资效率之谜：融资约束假说与货币政策冲击［J］.经济研究，2014（5）：106－120.

［91］张斌，王跃堂．业务复杂度、独立董事行业专长与股价同步性［J］.会计研究，2014（7）：36－42.

［92］张超，刘星．内部控制缺陷信息披露与企业投资效率——基于中国上市公司的经验研究［J］.南开管理评论，2015（5）：136－150.

［93］张鸣，税煜，陈明端．股票名称、选择性关注与股价的行业同步性［J］.财经研究，2013（11）：112－122.

［94］张晓东．政治成本、盈余管理及其经济后果——来自中国资本市场的证据［J］.中国工业经济，2008（8）：109－119.

［95］张璇，周鹏，李春涛．卖空与盈余质量——来自财务重述的证据［J］.金融研究，2016（8）：175－190.

［96］张宗新，张晓荣，廖士光．上市公司自愿性信息披露行为有效

吗？——基于 1998 ~ 2003 年中国证券市场的检验 [J]. 经济学（季刊），2005 (1)：369 – 386.

[97] 钟娟，魏彦杰，沙文兵. 金融自由化改善了投资配置效率吗？[J]. 财经研究，2013 (4)：16 – 25.

[98] 周黎安，陈烨. 中国农村税费改革的政策效果：基于双重差分模型的估计 [J]. 经济研究，2005 (8)：44 – 53.

[99] 朱红军，何贤杰，陶林. 中国的证券分析师能够提高资本市场的效率吗？——基于股价同步性和股价信息含量的经验证据 [J]. 金融研究，2007 (2)：110 – 121.

[100] 朱松. 企业社会责任、市场评价与盈余信息含量 [J]. 会计研究，2011 (11)：27 – 34.

[101] 朱松，夏冬林. 稳健会计政策、投资机会与企业投资效率 [J]. 财经研究，2010 (6)：69 – 79.

[102] Aggarwal R. , Klapper L. , Wysocki P. D. Portfolio Preferences of Foreign Institutional Investors [J]. Journal of Banking & Finance, 2005, 29 (12): 2919 – 2946.

[103] Aharony J. , Wang J. , Yuan H. Tunneling as an Incentive for Earnings Management During the IPO Process in China [J]. Journal of Accounting & Public Policy, 2010, 29 (1): 1 – 26.

[104] Ahearne A. G. , Griever W. L. , Warnock F. E. Information Costs and Home Bias: An Analysis of US Holdings of Foreign Equities [J]. Journal of International Economics, 2000, 62 (2): 313 – 336.

[105] Armstrong C. S. , Balakrishnan K. , Cohen D. Corporate Governance and the Information Environment: Evidence from State Antitakeover Laws [J]. Journal of Accounting & Economics, 2012, 53 (1 – 2): 185 – 204.

[106] Ashbaugh H. , Pincus M. Domestic Accounting Standards, International Accounting Standards, and the Predictability of Earnings [J]. Journal of Accounting Research, 2001, 39 (3): 417 – 434.

[107] Bae K. H. , Bailey W. , Mao C. X. Stock Market Liberalization and the Information Environment [J]. Journal of International Money & Finance, 2006, 25 (3): 404 – 428.

[108] Bae K. H. , Goyal V. K. Equity Market Liberalization and Corporate Governance [J]. Journal of Corporate Finance, 2010, 16 (5): 609 – 621.

[109] Baek J. S. , Kang J. K. , Park K. S. Corporate Governance and Firm Value: Evidence from the Korean Financial Crisis [J]. Journal of Financial Econom-

股票市场开放、盈余管理及资本配置效率研究

[110] Baik B. , Kang J. K. , Kim J. M. Local Institutional Investors, Information Asymmetries, and Equity Returns [J]. Journal of Financial Economics, 2010, 97 (1): 81 – 106.

[111] Baker H. K. , Nofsinger J. R. , Weaver D. G. International Cross – Listing and Visibility [J]. Journal of Financial and Quantitative Analysis, 2002, 37 (3): 495.

[112] Bekaert G. , Harvey C. R. Foreign Speculators and Emerging Equity Markets [J]. Social Science Electronic Publishing, 2000, 55 (2): 565 – 613.

[113] Bekaert G. , Harvey C. R. , Lundblad C. Financial Openness and Productivity [J]. Social Science Electronic Publishing, 2011, 39 (1): 1 – 19.

[114] Bekaert G. , Harvey C. R, Lundblad C. Does Financial Liberalization Spur Growth? [J]. Social Science Electronic Publishing, 2005, 77 (1): 3 – 55.

[115] Bekaert G. , Harvey C. R. , Lundblad C. , Siegel S. Global Growth Opportunities and Market Integration [J]. The Journal of Finance, 2007, 62 (3): 1081 – 1137.

[116] Beneish M. D. , Yohn T. L. Information Friction and Investor Home Bias: A Perspective on the Effect of Global IFRS Adoption on the Extent of Equity Home Bias [J]. Journal of Accounting & Public Policy, 2008, 27 (6): 433 – 443.

[117] Bertrand M. , Mullainathan S. Enjoying the Quiet Life? Corporate Governance and Managerial Preferences [J]. Journal of Political Economy, 2003, 111 (5): 1043 – 1075.

[118] Bhamra H. S. Stock Market Liberalization and the Cost of Capital in Emerging Markets [M]. Social Science Electronic Publishing, 2009.

[119] Bharath S. T. , Sunder J. , Sunder S. V. Accounting Quality and Debt Contracting [J]. Accounting Review, 2008, 83 (1): 1 – 28.

[120] Biddle G. C. , Hilary G. Accounting Quality and Firm—Level Capital Investment [J]. Accounting Review, 2011, 81 (5): 963 – 982.

[121] Biddle G. C. , Hilary G, Verdi R. S. How Does Financial Reporting Quality Relate to Investment Efficiency? [J]. Journal of Accounting & Economics, 2009, 48 (2 – 3): 112 – 131.

[122] Bowen R. M. , Ducharme L. , Shores D. Stakeholders' Implicit Claims and Accounting Method Choice [J]. Journal of Accounting and Economics, 1995, 20 (3): 255 – 295.

· 152 ·

[123] Bradshaw M. T., Bushee B. J., Miller G. S. Accounting Choice, Home Bias, and U. S. Investment in Non – U. S. Firms [J]. Journal of Accounting Research, 2004, 42 (5): 795 – 841.

[124] Brüggemann U., Daske H., Homburg C., Pope P. How do Individual Investors React to Global IFRS Adoption? [J]. Ssrn Electronic Journal, 2009, 193 (4): 486 – 487.

[125] Bushman R. M., Piotroski J. D. Financial Reporting Incentives for Conservative Accounting: The Influence of Legal and Political Institutions [J]. Journal of Accounting and Economics, 2006, 42 (1 – 2): 107 – 148.

[126] Bushman R. M., Smith A. J. Financial Accounting Information and Corporate Governance [J]. Communication of Finance & Accounting, 2007, 32 (1 – 3): 237 – 333.

[127] Cahan S. F. The Effect of Antitrust Investigations on Discretionary Accruals: A Refined Test of the Political – Cost Hypothesis [J]. Accounting Review, 1992, 67 (1): 77 – 95.

[128] Chan K., Covrig V., Ng L. Does Home Bias Affect Firm Value? Evidence From Holdings of Mutual Funds Worldwide [J]. Journal of International Economics, 2007, 78 (2): 230 – 241.

[129] Chan K., Covrig V., Ng L. What Determines the Domestic Bias and Foreign Bias? Evidence from Mutual Fund Equity Allocations Worldwide [J]. The Journal of Finance, 2005, 60 (3): 1495 – 1534.

[130] Chan K., Hameed A. Stock Price Synchronicity and Analyst Coverage in Emerging Markets [J]. Journal of Financial Economics, 2006, 80 (1): 115 – 147.

[131] Chari A., Henry P. B. Risk Sharing and Asset Prices: Evidence from a Natural Experiment [J]. The Journal of Finance, 2004, 59 (3): 1295 – 1324.

[132] Chen K. C. W., Yuan H. Earnings Management and Capital Resource Allocation: Evidence from China's Accounting – Based Regulation of Rights Issues [J]. Accounting Review, 2004, 79 (3): 645 – 665.

[133] Chen K. C., Cheng Q., Lin Y. C., Xiao X. Financial Reporting Quality of Chinese Reverse Merger Firms: The Reverse Merger Effect or the China Effect? [J]. Accounting Review, 2016 (91): 1363 – 1390.

[134] Chen L. H., Khurana I. K. The Impact of Eliminating the Form 20 – F Reconciliation on Shareholder Wealth: Evidence from U. S. Cross – Listed Firms [J]. Accounting Review, 2015, 90 (1): 199 – 228.

[135] Chen T. , Xie L. , Zhang Y. How Does Analysts' Forecast Quality Relate to Corporate Investment Efficiency? [J]. Journal of Corporate Finance, 2017 (43): 217 - 240.

[136] Cheng M. , Dan D. , Zhang Y. Does Investment Efficiency Improve After The Disclosure of Material Weaknesses in Internal Control over Financial Reporting? [J]. Journal of Accounting & Economics, 2013, 56 (1): 1 - 18.

[137] Chhaochharia V. , Kumar A. , Niessen - Ruenzi A. Local Investors and Corporate Governance [J]. Journal of Accounting and Economics, 2012, 54 (1): 42 - 67.

[138] Choe H. , Kho B. C. , Stulz R. M. Do Foreign Investors Destabilize Stock Markets? [J]. Journal of Financial Economics, 1998, 54 (2): 227 - 264.

[139] Choi J. H. , Kim J. B. , Liu X. , Simunic D. A. Cross - Listing Audit Fee Premiums: Theory and Evidence [J]. Accounting Review, 2009, 84 (5): 1429 - 1463.

[140] Choi N. , Fedenia M. , Skiba H. , Sokolyk T. Portfolio Concentration and Performance Of Institutional Investors Worldwide [J]. Journal of Financial Economics, 2017, 123 (1): 189 - 208.

[141] Christie B. Does Financial Liberalization Reduce Financing Constraints? [J]. Financial Management, 2003, 31 (4): 5 - 34.

[142] Christoffersen S. E. K. , Sarkissian S. City Size and Fund Performance [J]. Journal of Financial Economics, 2009, 92 (2): 252 - 275.

[143] Coase R. H. The Nature of the Firm [J]. Economica, 1937, 4 (16): 386 - 405.

[144] Coffee J. C. Racing towards the Top: The Impact of Cross - Listings and Stock Market Competition on International Corporate Governance [J]. Columbia Law Review, 2002, 102 (7): 1757 - 1831.

[145] Cohen D. A. , Zarowin P. Accrual - Based and Real Earnings Management Activities around Seasoned Equity Offerings [J]. Journal of Accounting & Economics, 2010, 50 (1): 2 - 19.

[146] Covrig V. M. , Defond M. L. , Hung M. Home Bias, Foreign Mutual Fund Holdings, and the Voluntary Adoption of International Accounting Standards [J]. Journal of Accounting Research, 2007, 45 (1): 41 - 70.

[147] Covrig V. , Lau S. T. , Ng L. Do Domestic and Foreign Fund Managers have Similar Preferences for Stock Characteristics? A Cross - Country Analysis [J]. Journal of International Business Studies, 2006, 37 (3): 407 - 429.

［148］Dahlquist M. , Robertsson G. Direct Foreign Ownership, Institutional Investors, and Firm Characteristics ［J］. Journal of Financial Economics, 2001, 59 (3): 413 – 440.

［149］Dan G. , Bartov E. , Hayn C. The Rewards to Meeting or Bearing Earnings Expectations ［J］. Journal of Accounting & Economics, 2002, 33 (2): 173 – 204.

［150］Daniel B. C. , Jones J. B. Financial Liberalization and Banking Crises in Emerging Economies ［J］. Journal of International Economics, 2007, 72 (1): 202 – 221.

［151］Dasgupta S. , Gan J. , Gao N. Transparency, Price Informativeness, and Stock Return Synchronicity: Theory and Evidence ［J］. Journal of Financial and Quantitative Analysis, 2010, 45 (5): 1189 – 1220.

［152］Defond M. L. , Lennox C. S. The Effect of SOX on Small Auditor Exits and Audit Quality ［J］. Journal of Accounting and Economics, 2011, 52 (1): 21 – 40.

［153］Defond M. , Hu X. , Hung M. , Li S. The Impact of Mandatory IFRS Adoption on Foreign Mutual Fund Ownership: The Role of Comparability ［J］. Journal of Accounting and Economics, 2011, 51 (3): 240 – 258.

［154］Demir F. A Failure Story: Politics and Financial Liberalization in Turkey, Revisiting the Revolving Door Hypothesis ［J］. World Development, 2004, 32 (5): 851 – 869.

［155］Demir F. Financial Liberalization, Private Investment and Portfolio Choice: Financialization of Real Sectors in Emerging Markets ［J］. Journal of Development Economics, 2009, 88 (2): 314 – 324.

［156］Dichev I. D. , Skinner D. J. Large – Sample Evidence on the Debt Covenant Hypothesis ［J］. Journal of Accounting Research, 2002, 40 (4): 1091 – 1123.

［157］Doidge C. U. S. Cross – Listings and the Private Benefits of Control: Evidence from Dual – Class Firms ［J］. Journal of Financial Economics, 2004, 72 (3): 519 – 553.

［158］Doidge C. , Andrew Karolyi G. , Stulz R. M. Has New York Become Less Competitive Than London in Global Markets? Evaluating Foreign Listing Choices over Time ［J］. Journal of Financial Economics, 2009, 91 (3): 253 – 277.

［159］Doidge, Craig G. Andrew Karolyi, Karl V. Lins, Darius P. Miller, and Rene M. Stulz. Private Benefits of Control, Ownership, and the Cross - listing Decision ［J］. The Journal of Finance, 2009, 64 (1): 425 – 466.

[160] Doidge C. , Karolyi G. A. , Stulz R. M. Why are Foreign Firms Listed in the U. S. Worth More? [J]. Journal of Financial Economics, 2004, 71 (2): 205 –238.

[161] Doidge C. , Karolyi G. A. , Stulz. R. M. Why Do Foreign Firms Leave U. S. Equity Markets? [J]. The Journal of Finance, 2010, 65 (4): 1507 –1553.

[162] Douma S. , George R. , Kabir R. Foreign and Domestic Ownership, Business Groups, and Firm Performance: Evidence from a Large Emerging Market [J]. Strategic Management Journal, 2006, 27 (7): 637 –657.

[163] Duffie D. , Lando D. Term Structures of Credit Spreads with Incomplete Accounting Information [J]. Econometrica, 2010, 69 (3): 633 –664.

[164] Durnev A. , Morck R. , Yeung B. Value – Enhancing Capital Budgeting and Firm – specific Stock Return Variation [J]. The Journal of Finance, 2004, 59 (1): 65 –105.

[165] Dvořák T. Do Domestic Investors Have an Information Advantage? Evidence from Indonesia [J]. The Journal of Finance, 2005, 60 (2): 817 –839.

[166] Dyck A. , Zingales L. Who Blows the Whistle on Corporate Fraud? [J]. The Journal of Finance, 2010, 65 (6): 2213 –2253.

[167] Eichengreen B. , Gullapalli R. , Panizza U. Capital Account Liberalization, Financial Development and Industry Growth: A Synthetic View [J]. Journal of International Money & Finance, 2011, 30 (6): 1090 –1106.

[168] Eun C. S. , Sabherwal S. Cross – Border Listings and Price Discovery: Evidence from U. S. – Listed Canadian Stocks [J]. The Journal of Finance, 2003, 58 (2): 549 –576.

[169] Fecht F. , Grüner H. P. , Hartmann P. Financial Integration, Specialization, and Systemic Risk [J]. Journal of International Economics, 2012, 88 (1): 150 –161.

[170] Fernandes N. , Ferreira M. A. Does International Cross – Listing Improve the Information Environment [J]. Journal of Financial Economics, 2008, 88 (2): 216 –244.

[171] Ferreira M. A. , Massa M. , Matos P. Shareholders at the Gate? Institutional Investors and Cross – Border Mergers and Acquisitions [J]. Review of Financial Studies, 2010, 23 (2): 601 –644.

[172] Ferreira M. A. , Matos P. The Colors of Investors' Money: The Role of Institutional Investors Around the World [J]. Journal of Financial Economics, 2008, 88 (3): 499 –533.

[173] Foucault T. , Fr X. , Sard L. Cross – Listing, Investment Sensitivity to Stock Price, and the Learning Hypothesis [J]. The Review of Financial Studies, 2012, 25 (11): 3305 – 3350.

[174] French K. R. , Poterba J. M. Investor Diversification and International Equity Markets [J]. The American Economic Review, 1991, 81 (2): 222 – 226.

[175] Frésard L. , Salva C. The Value of Excess Cash and Corporate Governance: Evidence from US Cross – Listings [J]. Journal of Financial Economics, 2010, 98 (2): 359 – 384.

[176] Galindo A. , Schiantarelli F. , Weiss A. Does Financial Liberalization Improve the Allocation of Investment? : Micro – Evidence from Developing Countries [J]. Journal of Development Economics, 2005, 83 (2): 562 – 587.

[177] Gamra S. B. Does Financial Liberalization Matter for Emerging East Asian Economies Growth? Some New Evidence [J]. International Review of Economics & Finance, 2009, 18 (3): 392 – 403.

[178] Gao S. , Wang G. Does Stock Market Liberalization Spur Financial and Economic Development in the MENA Region? [J]. Journal of Comparative Economics, 2008, 36 (4): 673 – 693.

[179] Ghosh C. , Fan H. Investor Protection, Investment Efficiency and Value: The Case of Cross – Listed Firms [J]. Financial Management, 2015, 44 (3): 499 – 546.

[180] Ghosh C. , Harding J. , Phani B. V. Does Liberalization Reduce Agency Costs? Evidence from the Indian Banking Sector [J]. Journal of Banking & Finance, 2008, 32 (3): 405 – 419.

[181] Giannetti M. , Simonov A. Which Investors Fear Expropriation? Evidence from Investors Portfolio Choices [J]. The Journal of Finance, 2006, 61 (3): 1507 – 1547.

[182] Gillan S. , Starks L. T. Corporate Governance, Corporate Ownership, and the Role of Institutional Investors: A Global Perspective [J]. Journal of Applied Finance, 2003, 13 (2) .

[183] Glick R. , Hutchison M. The Illusive Quest: Do International Capital Controls Contribute to Currency Stability? [J]. International Review of Economics & Finance, 2010, 20 (1): 59 – 70.

[184] Goto S. , Watanabe M. , Xu Y. Strategic Disclosure and Stock Returns: Theory and Evidence from US Cross – Listing [J]. Review of Financial Studies, 2009,

22 (4): 1585 – 1620.

[185] Griffin . J M. , Kelly P. J. , Nardari F. Do Market Efficiency Measures Yield Correct Inferences? A Comparison of Developed and Emerging Markets [J]. Review of Financial Studies, 2010, 23 (8): 3225 – 3277.

[186] Grinblatt M. , Keloharju M. The Investment Behavior and Performance of Various Investor Types: A Study of Finland's Unique Data Set [J]. Journal of Financial Economics, 2000, 55 (1): 43 – 67.

[187] Gul F. A. , Kim J. B. , Qiu A. A. Ownership Concentration, Foreign Shareholding, Audit Quality, and Stock Price Synchronicity: Evidence From China [J]. Journal of Financial Economics, 2010, 95 (3): 425 – 442.

[188] Gunny K. A. The Relation between Earnings Management Using Real Activities Manipulation and Future Performance: Evidence from Meeting Earnings Benchmarks [J]. Contemporary Accounting Research, 2010, 27 (3): 855 – 888.

[189] Gupta N. , Yuan K. On the Growth Effect of Stock Market Liberalizations [J]. Review of Financial Studies, 2009, 22 (11): 4715 – 4752.

[190] Hagerman R. L. , Zmijewski M. E. Some Economic Determinants of Accounting Policy Choice [J]. Journal of Accounting & Economics, 1979, 1 (2): 141 – 161.

[191] Hall S. C. , Stammerjohan W. W. Damage Awards and Earnings Management in the Oil Industry [J]. Accounting Review, 1996, 72 (1): 47 – 65.

[192] Halling, Michael, Pagano, Marco, Randl, Otto, Zechner, Josef. Where is the Market? Evidence from Cross – Listings in the United States [J]. The Review of Financial Studies, 2008, 21 (2): 725 – 761.

[193] Hau H. Location Matters: An Examination of Trading Profits [J]. The Journal of Finance, 2001, 56 (5): 1959 – 1983.

[194] Healy P. M. The Effect of Bonus Sschemes on Accounting Decisions [J]. Journal of Accounting & Economics, 1984, 7 (1 – 3): 85 – 107.

[195] Henry P. B. Stock Market Liberalization, Economic Reform, and Emerging Market Equity Prices [J]. The Journal of Finance, 2000, 55 (2): 529 – 564.

[196] Holmstrom B. , Weiss L. Managerial Incentives, Investment and Aggregate Implications: Scale Effects [J]. Review of Economic Studies, 1982, 52 (3): 403 – 425.

[197] Huang R. D. , Shiu C. Y. Local Effects of Foreign Ownership in an Emerging Financial Market: Evidence from Qualified Foreign Institutional Investors in

Taiwan [J]. Financial Management, 2009, 38 (3): 567 – 602.

[198] Huddart S., Hughes J. S., Brunnermeier M. Disclosure Requirements and Stock Exchange Listing Choice in an International Context [J]. Journal of Accounting and Economics, 1999, 26 (1 – 3): 237 – 269.

[199] Hung M., Wong T. J., Zhang T. Political Considerations in the Decision of Chinese Soes to List in Hong Kong [J]. Journal of Accounting and Economics, 2012, 53 (1 – 2): 435 – 449.

[200] Hutton A. P., Marcus A. J., Tehranian H. Opaque Financial Reports, R2, and Crash Risk [J]. Journal of Financial Economics, 2009, 94 (1): 67 – 86.

[201] Hyuk C., Bong – Chan K., Stulz R. M. Do Domestic Investors have an Edge? The Trading Experience of Foreign Investors in Korea [J]. Review of Financial Studies, 2005, 18 (3): 795 – 829.

[202] Irani R. M. Analyst Coverage and Real Earnings Management: Quasi – Experimental Evidence [J]. Journal of Financial and Quantitative Analysis, 2016, 1 (2): 1 – 39.

[203] Iwata S., Wu S. Stock Market Liberalization and International Risk Sharing [J]. Journal of International Financial Markets Institutions & Money, 2009, 19 (3): 461 – 476.

[204] Jensen M. C., Meckling W. H. Theory of the Firm: Managerial Behavior, Agency Costs and Ownership Structure [J]. Journal of Financial Economics, 1976, 3 (4): 305 – 360.

[205] Jensen M. C., Smith C. W. Papers Presented at The Symposium on Invest Banking and The Capital Acquisition Process, 25 – 27, 1985 – PREFACE [J]. Journal of Financial Economics, 1986, 15 (1 – 2): 1 – 2.

[206] Jiang G., Lee C. M. C., Yue H. Tunneling through Intercorporate Loans: The China Experience [J]. Journal of Financial Economics, 2010, 98 (1): 1 – 20.

[207] Jin L., Myers S. C. R2 around the World: New Theory and New Tests [J]. Journal of Financial Economics, 2006, 79 (2): 257 – 292.

[208] Jin Q. J., Lee C., Moffett C. M. Effects of Foreign Ownership on Payout Policy: Evidence from the Korean Market [J]. Journal of Financial Markets, 2011, 14 (2): 344 – 375.

[209] Jo H., Kim Y., Park M. S. Underwriter Choice and Earnings Management: Evidence from Seasoned Equity Offerings [J]. Review of Accounting Studies,

2007, 12 (1): 23 – 59.

[210] Jones J. J. Earnings Management during Import Relief Investigations [J]. Journal of Accounting Research, 1991, 29 (2): 193 – 228.

[211] Kaminsky B. G. L, Reinhart C. The Twin Crises: The Causes of Balance of Payments Problems [J]. American Economic Review, 2014, 89 (89): 473 – 500.

[212] Kang J. K. , Stulz R. M. Why is there a Home Bias? An Analysis of Foreign Portfolio Equity Ownership in Japan [J]. Journal of Financial Economics, 1997, 46 (1): 3 – 28.

[213] Khurana I. K. , Michas P. N. Mandatory IFRS Adoption and the U. S. Home Bias [J]. Accounting Horizons, 2011, 25 (4): 729 – 753.

[214] Kim E. H. , Singal V. Stock Market Openings: Experience of Emerging Economies [J]. Journal of Business, 2000, 73 (1): 25 – 66.

[215] Kim I. , Miller S. , Wan H. , Wang B. Drivers behind the Monitoring Effectiveness of Global Institutional Investors: Evidence from Earnings Management [J]. Journal of Corporate Finance, 2016 (40): 24 – 46.

[216] Kim J. B. , Yi C. H. Foreign Versus Domestic Institutional Investors in Emerging Markets: Who Contributes more to Firm – specific Information Flow? [J]. China Journal of Accounting Research, 2015, 8 (1): 1 – 23.

[217] Kim K. , Schroeder D. A. Analysts' use of Managerial Bonus Incentives in Forecasting Earnings [J]. Journal of Accounting & Economics, 1990, 13 (1): 3 – 23.

[218] King R. G. , Levine R. Finance and Growth: Schumpeter Might be Right [J]. Quarterly Journal of Economics, 1993, 108 (3): 717 – 737.

[219] Klein M. W. Capital Account Openness and the Varieties of Growth Experience [M]. Nber Working Papers, 2003.

[220] Klein M. W. , Olivei G. P. Capital Account Liberalization, Financial Depth, and Economic Growth [J]. Journal of International Money & Finance, 2008, 27 (6): 861 – 875.

[221] Kose M. A. , Prasad E. S. , Taylor A. D. Thresholds in the Process of International Financial Integration [J]. Journal of International Money & Finance, 2011, 30 (1): 147 – 179.

[222] La Porta R. , Lopezdesilanes F. , Shleifer A. , Vishny R. W. Law and Finance [J]. Journal of Political Economy, 1998, 106 (6): 1113 – 1155.

[223] Lambert R. A. Executive Effort and Selection of Risky Projects [J]. Journal of Economics, 1986, 17 (1): 77 – 88.

[224] Lamoreaux P. T. Does PCAOB Inspection access Improve Audit Quality? An Examination of Foreign Firms Listed in the United States [J]. Journal of Accounting and Economics, 2016, 61 (2 –3): 313 –337.

[225] Lang M. H. , Lins K. V. , Miller D. P. ADRs, Analysts, and Accuracy: Does Cross Listing in the United States Improve a Firm's Information Environment and Increase Market Value? [J]. Journal of Accounting Research, 2003, 41 (2): 317 –345.

[226] Lang M. , Smith Raedy J. , Wilson W. Earnings Management and Cross Listing: Are Reconciled Earnings Comparable to US Earnings? [J]. Journal of Accounting and Economics, 2006, 42 (1 –2): 255 –283.

[227] Lel U. , Miller D. P. International Cross – Listing, Firm Performance, and Top Management Turnover: A Test of the Bonding Hypothesis [J]. The Journal of Finance, 2008, 63 (4): 1897 –1937.

[228] Leuz C. , Lins K. V. , Warnock F. E. Do Foreigners Invest Less In Poorly Governed Firms? [J]. Review of Financial Studies, 2009, 22 (8): 3245 –3285.

[229] Leuz C. , Nanda D. , Wysocki P. D. Earnings Management and Investor Protection: An International Comparison [J]. Journal of Financial Economics, 2003, 69 (3): 505 –527.

[230] Levine R. , Zervos S. Stock Markets, Banks, and Economic Growth [J]. American Economic Review, 1996, 88 (3): 537 –558.

[231] Li X. The Sarbanes – Oxley Act and Cross – Listed Foreign Private Issuers [J]. Journal of Accounting & Economics, 2014, 58 (1): 21 –40.

[232] Lindberg C. Cost of Capital Effects and Changes In Growth Expectations Around U. S. Cross – Listings [J]. Journal of Financial Economics, 2009, 93 (3): 428 –454.

[233] Liu Y. , Chen Z. , Wang H. , Lv X. Are Stock Option Grants to Directors of State – Controlled Chinese Firms Listed in Hong Kong Genuine Compensation? [J]. Accounting Review, 2013, 88 (5): 1547 –1574.

[234] Bebchuk L. A. , Bar – Gill O. Misreporting Corporate Performance [J]. SSRN Electronic Journal, 2002, 39 (2): 375 –397.

[235] Lundholm R. J. , Rogo R. , Zhang J. L. Restoring the Tower of Babel: How Foreign Firms Communicate with US Investors [J]. Accounting Review, 2014, 89 (4): 1453 –1485.

[236] Maffett M. Financial Reporting Opacity and Informed Trading by Internation-

al Institutional Investors [J]. Journal of Accounting and Economics, 2012, 54 (2 - 3): 201 - 220.

[237] Mcnichols M. F., Stubben S. R. Does Earnings Management Affect Firms Investment Decisions? [J]. Accounting Review, 2008, 83 (6): 1571 - 1603.

[238] Mitton T. Stock Market Liberalization and Operating Performance at the Firm Level [J]. Journal of Financial Economics, 2006, 81 (3): 625 - 647.

[239] Morck R., Yeung B., Yu W. The Information Content of Stock Markets: Why do Emerging Markets have Synchronous Stock Price Movements? [J]. Journal of Financial Economics, 2000, 58 (1 - 2): 215 - 260.

[240] Myers S. C., Majluf N. S. Corporate Financing and Investment Decisions When Firms have Information that Investors do not have [J]. Journal of Financial Economics, 1984, 13 (2): 187 - 221.

[241] Ndubizu G. A. Do Cross - Border Listing Firms Manage Earnings or Seize a Window of Opportunity? [J]. Accounting Review, 2007, 82 (4): 1009 - 1030.

[242] Nieuwerburgh S. V., Veldkamp L. Information Immobility and the Home Bias Puzzle [J]. The Journal of Finance, 2009, 64 (3): 1187 - 1215.

[243] Tan H., O' Brien P. C. Geographic Proximity and Analyst Coverage Decisions: Evidence from IPOs [J]. SSRN Electronic Journal, 2010.

[244] Obstfeld M. The Global Capital Market: Benefactor or Menace? [J]. Journal of Economic Perspectives, 1998, 12 (4): 9 - 30.

[245] Pagano M. S., Schwartz R. A. A Closing Call's Impact on Market Quality at Euronext Paris [J]. Journal of Financial Economics, 2003, 68 (3): 439 - 484.

[246] Pagano M., Röell A. A., Zechner J. The Geography of Equity Listing: Why do Companies List Abroad? [J]. The Journal of Finance, 2002, 57 (6): 2651 - 2694.

[247] Piotroski J. D. The Influence of Analysts, Institutional Investors, and Insiders on the Incorporation of Market, Industry, and Firm - Specific Information into Stock Prices [J]. Accounting Review, 2011, 79 (4): 1119 - 1151.

[248] Ramanna K., Roychowdhury S. Elections and Discretionary Accruals: Evidence from 2004 [J]. Journal of Accounting Research, 2010, 48 (2): 445 - 475.

[249] Reese Jr. W. A., Weisbach M. S. Protection of Minority Shareholder Interests, Cross - Listings in the United States, and Subsequent Equity Offerings [J]. Journal of Financial Economics, 2002, 66 (1): 65 - 104.

［250］ Richardson S. Over – investment of Free Cash Flow ［J］. Review of Accounting Studies, 2006, 11 (2): 159 – 189.

［251］ Roll R. R^2 ［J］. Journal of Finance, 1988, 43 (3): 541 – 566.

［252］ Roychowdhury S. Earnings Management through Real Activities Manipulation ［J］. Journal of Accounting and Economics, 2006, 42 (3): 335 – 370.

［253］ Sarkissian S. , Schill M. J. The Overseas Listing Decision: New Evidence of Proximity Preference ［J］. Review of Financial Studies, 2004, 17 (3): 769 – 809.

［254］ Seetharaman A. , Gul F. A. , Lynn S. G. Litigation Risk and Audit Fees: Evidence from UK Firms Cross – Listed on US Markets ［J］. Journal of Accounting and Economics, 2002, 33 (1): 91 – 115.

［255］ Shleifer A. Do Demand Curves for Stocks Slope Down? ［J］. The Journal of Finance, 1986, 41 (3): 579 – 590.

［256］ Shima K. M. , Gordon E. A. IFRS and the Regulatory Environment: The Case of U. S. Investor Allocation Choice ［J］. Journal of Accounting & Public Policy, 2011, 30 (5): 481 – 500.

［257］ Shroff N. , Verdi R. S. , Yu G. Information Environment and the Investment Decisions of Multinational Corporations ［J］. Accounting Review, 2012, 89 (2): 759 – 790.

［258］ Siegel J. Can Foreign Firms Bond Themselves Effectively by Renting U. S. Securities Laws? ［J］. Journal of Financial Economics, 2005, 75 (2): 319 – 359.

［259］ Skaife H. A. , Gassen J. , Lafond R. Does Stock Price Synchronicity Reflect Information or Noise? ［M］. The International Evidence Working Paper, 2005.

［260］ Stiglitz J. E. Capital Market Liberalization, Economic Growth, and Instability ［J］. World Development, 2000, 28 (6): 1075 – 1086.

［261］ Stiglitz J. E. Reforming the Global Economic Architecture: Lessons from Recent Crises ［J］. The Journal of Finance, 1999, 54 (4): 1508 – 1522.

［262］ Stulz R. M. The Limits of Financial Globalization ［J］. The Journal of Finance, 2005, 60 (4): 1595 – 1638.

［263］ Stulz, René M. Globazation of Capital Markets and the Cost of Capital: The Case of NESTLÉ ［J］. Journal of Applied Corporate Finance, 1995, 8 (3): 30 – 38.

［264］ Sweeney A. P. Debt – Covenant Violations and Managers Accounting Responses ［J］. Journal of Accounting & Economics, 1994, 17 (3): 281 – 308.

［265］ Teoh S. H. , Wong T. J. , Rao G. R. Are Accruals During Initial Public

Offerings Opportunistic? [J]. Review of Accounting Studies, 1998, 3 (1): 175 – 208.

[266] Umutlu M. , Akdeniz L. , Altay – Salih A. The Degree of Financial Liberalization and Aggregated Stock – Return Volatility in Emerging Markets [J]. Journal of Banking & Finance, 2009, 34 (3): 509 – 521.

[267] Verdi R. S. Financial Reporting Quality and Investment Efficiency [J]. SSRN Electronic Journal, 2006 (2) .

[268] Warfield T. D. Equity Incentives and Earnings Management [J]. Accounting Review, 2005, 80 (2): 441 – 476.

[269] Watts R. L. , Zimmerman J. L. Positive Accounting Theory [J]. Social Science Electronic Publishing, 1986, 14 (5): 455 – 468.

[270] Wood D. W. , Gong F. , Daykin M. M. , Williams P. An Empirical Evaluation of Accounting Income Numbers [J]. Journal of Accounting Research, 1968, 6 (2): 159 – 178.

[271] Wurgler J. , Shleifer A. , Barberis N. Comovement [J]. Journal of Financial Economics, 2005 (75): 283 – 317.

[272] Young D. , Guenther D. A. Financial Reporting Environments and International Capital Mobility [J]. Journal of Accounting Research, 2003, 41 (3): 553 – 579.

[273] Yu F. Analyst Coverage and Earnings Management [J]. Journal of Financial Economics, 2008, 88 (2): 245 – 271.

[274] Zang A. Y. Evidence on the Trade – Off between Real Activities Manipulation and Accrual – Based Earnings Management [J]. Accounting Review, 2012, 87 (2): 675 – 703.